बोधिसत्व

11 दिसम्बर, 1968 में उत्तर प्रदेश के भदोही जनपद के भिखारीरामपुर गाँव में जन्मे बोधिसत्व का मूल नाम अखिलेश कुमार मिश्र है। वे यूजीसी के फेलो रहे। इलाहाबाद विश्वविद्यालय के हिन्दी विभाग से किया गया शोध प्रबन्ध 'तार सप्तक कवियों की कविता और काव्य-सिद्धान्त' पुस्तक के रूप में प्रकाशित है। उनके अब तक चार कविता-संग्रह प्रकाशित हैं, जिनके नाम हैं—'सिर्फ़ कवि नहीं', 'हम जो नदियों का संगम हैं', 'दुःखतंत्र' और 'ख़त्म नहीं होती बात'। 'महाभारत यथार्थ कथा' नामक एक किताब पिछले दिनों चर्चित रही, जिसमें महाभारत की कथाओं के आन्तरिक सूत्रों का एक नवीन अध्ययन किया गया है। उनकी कविताओं के भारतीय और विदेशी भाषाओं में अनुवाद प्रकाशित हैं। कुछ कविताएँ मास्को विश्वविद्यालय के एम.ए. के पाठ्यक्रम में शामिल हैं। बोधिसत्व साहित्य और सिनेमा दोनों में बराबर दखल रखते हैं। लगभग दो वर्ष 'स्टार न्यूज़' के सम्पादकीय सलाहकार रहे। दो दर्जन से अधिक टीवी धारावाहिकों और ओटीटी प्लेटफ़ॉर्म के शोज़ की स्क्रिप्ट्स का प्रमुख हिस्सा रहे बोधिसत्व के क्रेडिट में 'शिखर' और 'धर्म' जैसी फ़िल्में भी शामिल हैं। पिछले दिनों स्टार प्लस पर प्रसारित हुए धारावाहिक 'विद्रोही' का निर्माण उन्होंने अपने प्रोडक्शन हाउस 'गाथा प्रोडक्शंस' से किया है। विख्यात टीवी धारावाहिक 'देवों के देव महादेव' के लिए शोधकार्य कर चुके हैं। उन्हें 'भारतभूषण अग्रवाल पुरस्कार', 'संस्कृति अवार्ड', 'गिरिजाकुमार माथुर सम्मान', 'फ़िराक़ गोरखपुरी सम्मान' समेत कई पुरस्कार प्राप्त हैं।

सम्प्रति साहित्य और सिनेमा के साथ टीवी धारावाहिक के लिए लेखन और निर्माण में व्यस्त हैं।

ई-मेल : abodham@gmail.com

अयोध्या में कालपुरुष

गाथा कविताएँ

बोधिसत्व

राजकमल पेपरबैक्स

राजकमल पेपरबैक्स में
पहला संस्करण : 2024

राजकमल पेपरबैक्स : उत्कृष्ट साहित्य के जनसुलभ संस्करण

राजकमल प्रकाशन प्रा. लि.
1-बी, नेताजी सुभाष मार्ग, दरियागंज
नई दिल्ली-110 002
द्वारा प्रकाशित

शाखाएँ : अशोक राजपथ, साइंस कॉलेज के सामने, पटना-800 006
पहली मंजिल, दरबारी बिल्डिंग, महात्मा गांधी मार्ग, प्रयागराज-211 001
1, अनमोल सोराबजी सन्तुक लेन, धोबी तलाव, मरीन लाइंस, मुम्बई-400 002
वेबसाइट : www.rajkamalprakashan.com
ई-मेल : info@rajkamalprakashan.com

विकास कम्प्यूटर एंड प्रिंटर्स
ट्रॉनिका सिटी-201 102
द्वारा मुद्रित

मूल्य : ₹250

AYODHYA MEIN KALPURUSH
Poems by Bodhisatva

ISBN : 978-93-6086-601-3

ये गाथा कविताएँ
निराला जी को
समर्पित हैं

साथ ही

कुँवर नारायण जी और
कैलाश बाजपेयी जी की स्मृति में
अर्पित हैं

क्रम

बोधिसत्त्व की गाथा कविताएँ : अवधेश प्रधान 9

भारत-दुर्दशा 15
हिरणी का अयोध्या की रानी कौसल्या से विनय-पत्र! 22
दारा शुकोह का पुस्तकालय और औरंगजेब के आँसू! 40
संस्कृत के कवि और फ़ारसी बोलने वाली लड़की का प्रेम! 47
मगध डूब रहा है! 54
जरासन्ध का अखाड़ा 57
अजातशत्रु और बिम्बिसार 71
सम्राट अशोक का नरक! 96
व्यास का कथन धृतराष्ट्र से! 103
श्रीकृष्ण की अन्त्येष्ठि 108
अयोध्या में कालपुरुष! 135

बोधिसत्त्व की गाथा कविताएँ

कभी रवीन्द्रनाथ की 'कथा ओ काहिनी' की तरह निराला जी अपनी आख्यानपरक कविताओं का एक संग्रह 'गाथा' नाम से निकालना चाहते थे लेकिन वह हो नहीं पाया। अगर होता तो बहुत संभव है उसका स्वर उदात्त होता। बोधिसत्व की गाथा कविताओं की पांडुलिपि देखते ही निराला जी के 'गाथा' संग्रह की योजना याद आई जिसका उल्लेख जानकीवल्लभ शास्त्री के नाम लिखे उनके 11.6.1938 के पत्र में है।

बोधिसत्त्व की गाथा कविताओं में पुराण-पुरुष राम और कृष्ण हों, चाहे इतिहास-पुरुष बुद्ध हों—सभी महानायक और अवतार अपनी महाकाव्यात्मक भव्यता और दिव्यता खोकर जीवन की असंगतियों और विडंबनाओं के मारे, थके-हारे, दीन-हीन और लाचार नजर आते हैं। कालपुरुष के संकेत पर राम जल समाधि ले लेते हैं और "राम को निष्कासित कर/कालपुरुष शासन करता है अयोध्या में।" वृंदावन की लीलाभूमि, महाभारत की रणभूमि और द्वारिका की ऐश्वर्य-भूमि से दूर, जीवन के कर्मसंकुल क्षेत्र से बहुत दूर खून और आग, कलह और कोलाहल, विनाश और विध्वंस के बीच 'श्रीकृष्ण की अन्त्येष्टि' होती है। बिम्बिसार सपत्नीक बुद्ध के प्रति अपनी भक्ति के साथ-साथ सत्ता के प्रति घनघोर आसक्ति का समन्वय साधता रहता है लेकिन एक दिन उसे अपने ही बेटे अजातशत्रु की महत्त्वाकांक्षा का शिकार होकर अपने ही बनवाए कारागार की यंत्रणा भोगने को लाचार होना पड़ता है और सबसे बड़ी विडंबना यह कि उसके उपास्य, पूज्य, अवतार भगवान बुद्ध भी राज-सत्ता की हिंसा के आगे लाचार नजर आते हैं—वे न अजातशत्रु को शान्ति, अहिंसा और मैत्री की सीख देने का साहस कर पाते हैं, न राज्य के कर्मचारियों या सैनिकों का

ही हृदय-परिवर्तन कर पाते हैं—इस कारागार की खिड़की से अपने शिष्य और भक्त को रोज देखकर चुपचाप चले जाते हैं। भारत के प्राचीन इतिहास के आदर्श नायक प्रियदर्शी अशोक को भी बोधिसत्त्व की कविता में एक खलनायक के रूप में देखकर अवाक् रह जाना पड़ता है, "सम्राट से अधिक वह एक नरक का निर्माता था। सत्यमेव जयते की घोषणा करता हुआ/नरक नियंता सम्राट"

सब कुछ को नकार कर कवि आखिर कहना क्या चाहता है?

इन्हीं गाथा कविताओं में शाहजहाँ के बड़े बेटे दारा शुकोह के दुर्भाग्य की भी दारुण कथा है जब दर्शन और अध्यात्म का, ज्ञान और सत्य का वह खोजी और जिज्ञासु, विद्वान और विद्याप्रेमी शाहजादा अपने ही सबसे छोटे भाई औरंगजेब के हाथों कैद होकर, कैद में भी अपने पुस्तकालय के लिए रोता है और उसे प्यार करनेवाले जनसाधारण भी उसके लिए रोते हैं लेकिन न तो पुस्तकालय बचता है न दारा शुकोह क्योंकि—

इतिहास रोने से नहीं बदलता
...कोई दारा आँसुओं से नहीं बचता
किसी भी दारा का पुस्तकालय
केवल सदिच्छा से नहीं बचता।

दारा का कटा हुआ सिर देखकर हत्यारा औरंगजेब भी रोता है लेकिन उसकी रुलाई भी उसकी कुटिल रणनीति का हिस्सा है—

हर युग में
औरंगजेब के आँसू
औरंगजेब के लिए ढाल है।

बोधिसत्त्व इतिहास के अध्येता हैं। उनकी आलोचनात्मक दृष्टि ने इतिहास के पन्नों पर यहाँ से वहाँ तक खून के छींटे ही छींटे देखे हैं। कोई गौरव-गाथा इन छींटों से खाली नहीं है। इसीलिए इन गाथाओं के बीच संस्कृत कवि पंडितराज जगन्नाथ और फारसी बोलनेवाली मुसलमान लड़की की प्रेमगाथा देखकर प्रीतिकर आश्चर्य होता है। राजसत्ता के तमाम छल-छंद और हिंसा-प्रतिहिंसा के ऊपर प्रेम की यहपुनीत धारा बह चलती है जिसमें धर्म और जाति की संकीर्ण सीमाएँ डूब जाती हैं।

इस प्रेमगाथा से भी अधिक मर्मस्पर्शी है वह गाथा जो हमारे जनपदों में अत्यन्त प्रसिद्ध एक लोकगीत पर आधारित है जिसमें एक हिरनी रानी कौशल्या से यह अर्ज करने राजमहल पहुँच जाती है कि राम की छट्ठी के भोज में गोश्त पकाने के लिए उसका पति जो हिरन मार डाला गया, कम-से-कम उसकी खाल ही दे दीजिए लेकिन रानी ने उसकी खाल की खँजड़ी मढ़वा ली ताकि राम उसे बजा-बजाकर खेलेंगे। जब-जब वह खँजड़ी बजती है, हिरनी जंगल में उसकी आवाज सुनकर अपने हिरन को बिसूरती है। बोधिसत्त्व ने इस मर्मकथा को अपनी विलक्षण कल्पना-शक्ति से कुछ और आगे बढ़ाया है। किसी के जंगल चले जाने पर राजमहल ने उसकी विनति पर गौर किया और तुरन्त कार्रवाई की। आदेश हुआ कि हिरनी को खोजकर लाया जाए, उसके खुरों को सोने से मढ़ाकर यहीं राजमहल में पालतू बनाकर रखा जाए—वह राम के लिए खँजड़ी के बाद मनोरंजन की एक और वस्तु होगी! शिकारी हिरनी को ढूँढ़ने निकल पड़ते हैं, हिरनी जंगल-जंगल भगाती फिर रही है—कहीं उसके छौने ढूँढ़े से भी नहीं मिल रहे हैं जिन्हें वह जंगल में चरता छोड़कर राजमहल को गई थी। चौदह खंडों की इस कविता में बोधिसत्त्व की कवि-प्रतिभा ने करुण को और करुणतर बना दिया है—रम्यं रम्यतरं कृतम्।

इस गाथा-शृंखला की पहली ही कविता है 'भारत दुर्दशा' जिसका आख्यान न पुराण से लिया गया है, न इतिहास से। आज के दौर के भारत की दुर्दशा ही इसका आख्यान है जिसे धूमिल की 'पटकथा' और गोरख पांडेय की कविता 'उठो मेरे देश' की तरह फैंटेसी के धागों से बुना गया है। कवि का साक्षात्कार भारत से होता है जो तमाम अवतारों, संतों, महात्माओं, महापुरुषों और नेताओं के कहे पर चलता रहा है और "अभी भी उधर ही जा रहा हूँ जिधर कह रहे हैं/दिल्लीवाले जाने को।" वह थका-हारा है फिर भी खुश है। उसे गर्व है कि "मैं महान हूँ/मैं किसान, कारीगर थोड़े हूँ।" देश के लोग भी देश की तरह सन्तोषी हैं, वे अपने घावों पर रो नहीं सकते। फिर भी उन्होंने संकल्प लिया कि हम दिल्ली जाकर अपने देश को वापस लाएँगे। वहाँ पहुँचकर देखा कि देश को दिल्लीवाले, काले-उजले सभी भक्षण कर रहे थे, देश चौराहे पर पड़ा था, "कुछ लोगों ने देश को रोक लिया था/उसके गले में त्रिशूल-सा कुछ भोंक दिया था।" भारत की इस दुर्दशा का (यानी कविता का) अन्त न किसी उद्बोधन में होता है, न किसी संकल्प में। उम्मीद है तो बस इतनी कि वह फिर भी 'उठने

की जिद पर अड़ा था।' भारत-दुर्दशा के इस दौर में क्या कवि को कहीं कोई प्रतिरोध नहीं दिखाई देता? किसानों ने जो साल भर तक दिल्ली को घेर रखा था, वह भी नहीं? वर्तमान की तुलना में इतिहास और पुराण से ली गई गाथाएँ अधिक प्रभावशाली हैं और उनमें आज के दौर की प्रतिच्छवियाँ और प्रतिध्वनियाँ अधिक सशक्त रूप से अभिव्यक्त हुई हैं। कुछ पंक्तियाँ बरबस हमारा ध्यान खींचती हैं—

सत्ताहीन राजा शव होता है वैभव का।

× × ×

सम्राट् की सत्ता व्यर्थ है।
जीवन और स्वतंत्रता का और बड़ा अर्थ है।

× × ×

सम्राट के आदेश पर रज्जु से बँधे रहने की प्रथा
टूटती नहीं अयोध्या में।

और जरासंध की गाथा तो इतनी साफ उतरी है कि उसके अखाड़े में द्वापर युग के बजाय आज के भारत का राजनीतिक महाभारत ही प्रतिबिंबित हो उठा है। राजनीति तो राजनीति, साहित्य-कला-संगीत-ज्ञान-विज्ञान के भी सभी मसले जरासंध के अखाड़े में ही निपटाए जाते हैं। द्वापर युग बीत गया लेकिन जरासंध इस युग में भी है—

जरासंध अभी भी घूम रहा है
देश को अखाड़े में बदलता
मल्ल युद्ध की चुनौती देता
प्रतिपक्ष को फाड़ता नष्ट करता
मिट्टी में मिलाता
ताल ठोंकता
युग बीते बन्द रहा जरासंध का कारागार
फिर कोलाहल से भर गया है
चौराहे-चौराहे जरासंध ताल ठोंकते
चित करते घूम रहे हैं

इन्हें नहीं चाहिए वार्ता
नहीं चाहिए बातचीत।

नये-नये दाँव लगाते
पैंतरे से पटकनी देकर मिट्टी में मिलाते
घूम रहे हैं मगध से महाराष्ट्र तक
...जरासंध गुट मसल रहा है
हर विचार और नीति को अपने अखाड़े में।

देश और काल—मगध और द्वापर की सीमा को पार कर जरासंध एकवचन से बहुवचन होकर चौराहे-चौराहे पर ताल ठोंकता—चित करता घूम रहा है। लेकिन कवि पाठक को मनोन्मत्त राजसत्ता के आतंक के आगे भयभीत छोड़कर निकल जाने के बजाय आश्वस्त करता है,

अखाड़े पर निर्भर साम्राज्य
अखाड़े की मिट्टी में मिल जाता है
एक दिन कैसा भी जरासंध को अपने ही अखाड़े में फाड़ दिया
जाता है।

कवि की इस आश्वस्ति में सत्य का बल है।

10 नवंबर, 2023

अवधेश प्रधान
एन 1/65 ई 52, शिवप्रसाद गुप्त कालोनी
सामने घाट, नगवा, वाराणसी

भारत-दुर्दशा

[एक]

रास्ते में देश मिला
भागता दौड़ता चला जा रहा था
मैंने पूछा कहाँ जा रहे हो
बहुत जल्दी में हो
बोला उधर ही जिधर सब ले जा रहे हैं हाँक कर!

जिधर कबीर ने कहा उधर गया कुछ दिनों
जिधर तुलसी ने कहा उधर भी गया
नेहरू-गांधी-अंबेडकर-लोहिया-नम्बूदिरी-अन्नादुरई-एनटीआर
मनु, कृष्ण, बुद्ध, राम, शंकर, महावीर कितने-कितने अवतार
सबके कहे पर गया सब तरफ़
अभी भी उधर ही जा रहा हूँ जिधर कह रहे हैं
दिल्ली वाले जाने को।

मन भर गया है
लेकिन मैं देश हूँ ठहर तो नहीं सकता
थक गया हूँ लेकिन पसर तो नहीं सकता
इसलिए अभी उधर ही जा रहा हूँ
जिधर जाने को बहुत सारे लोग कह रहे हैं

फिर जाता हूँ कह कर

देश मुझे चौराहे पर छोड़कर आगे चला गया
मैंने कहा जाओ
सकुशल रहना
लेकिन वह तेज़ी में था
चला गया
बस बोला कि मेरे बारे में किसी से कुछ न कहना
आरती उतारना, जै-जै करना औ चुप रहना!

[दो]

वह चला गया
मैं उसकी बात न मानकर बताता हूँ
उसकी छवि याद करके डर जाता हूँ
सिर पर जटाएँ थीं
हाथों में कुदाल थी या फरसा था
ख़ूब गदरायी साँवली देह थी
घावों से भरी,
आँखें थीं दूर तक देखतीं झाईं परी
सुर था सधा कुछ-कुछ थर्राया-सा
मुख था अमन्द लेकिन बर्राया-सा
जैसे कोई बौराया
भूल जाए अपना नाम
भूल जाए अपना काम
पता-ठिकाना घर-धाम
वैसे ही था डगमग वह छविधाम
राम-राम क्या कहूँ बोलना कठिन है
निरन्न था, दुखी था
पर रह-रह कहता स्वयं को सुखी था।

मैंने जब पूछा क्या पितामह क्या हाल है
चहककर बोला ठीक हूँ,
फिर बोला अच्छा हूँ
फिर बोला महान हूँ
देश हूँ ख़ुश तो रहूँगा ही
रोता रहूँ यह मुझे शोभता नहीं
क्या कोई चरवाहा, किसान हूँ
क्या ताले बनाता हूँ,
क्या बीड़ी बनानेवाला हूँ
क्या मैं तमोली हूँ
पैदल जा रहा हूँ तो क्या खेतिहर मज़दूर समझा है!

ऐसा कोई नहीं जो सह सके मेरा भार
अपार है मेरी ख़ुशी
सुना नहीं सब दिल्ली वाले कह रहे हैं
एक सुर से कि महान हूँ तो
मानते क्यों नहीं तुम कि मैं महान हूँ।
क्या तुम चाहते हो कि कह दूँ कि महान नहीं हूँ
उलझन में हूँ लेकिन इतना नादान नहीं हूँ!

[तीन]

थोड़ी दूर जाकर वह लौट आया
फिर उसने अपना गौरव-गान
रो-रो कर ख़ुद गाया
उसने याद किये बड़े सारे गए बीते दिन
उसने अतीत की एक दौड़ लगाई
उसने स्वयं की आरती गाई
उसने कहा सब चले गए

उसने कहा सब छले गए
उसने कहा कि वह भारतवर्ष है
इसका उसे बहुत हर्ष है
फिर उसने कुछ ऐसा कहा जो कि
मैं यहाँ नहीं कह सकता
फिर रोते-गाते वह चुप हो गया
वह किसी पुरानी बात में खो गया
फिर उसने अपने घाव दिखाए
फिर उसने अपने गोपनीय वृत्तांत सुनाए
वह अपने अतीत से सुखी था
वह सुखी था और सोना चाहता था
पर उसे याद आया कि वह देश है
सो नहीं सकता
उसे देखकर लगा कि
वह दुखी था और रोना चाहता था।

मैंने उसे याद दिलाया कि वह देश है
रो नहीं सकता
वह जाग गया
मुझसे दिल्ली का रास्ता पूछा
और उधर ही वह भाग गया!

[चार]

उसके पीछे-पीछे
कुछ लोग आए
उनके पास थीं कुछ मुर्गियाँ, कुत्ते
और
कुछ दुर्बल चौपाए

वे अपने उस देश को खोज रहे थे
उनका रूप-रंग भी देश की तरह का था
वे भी पोर-पोर घाव से भरे थे
वे भी बिकल थे कुछ डरे थे।

उनका भी कहना था कि वे उधर ही जा रहे हैं
जिधर उन्हें जाने को कहा जा रहा है
कुछ लोग उनको हाँक रहे हैं
वे रुक नहीं सकते
वे जनता हैं जनता रो तो सकती है
लेकिन रुक नहीं सकती।

वे तेजी में थे
जैसे कोई उनके पीछे पड़ा हो
जैसे कोई उनके पीछे खड़ा हो
कोई धकिया रहा था उनको
कोई छील रहा था नोच-निकिया रहा था उनको
वे सस्वर बोल रहे थे
वे अपना स्वर तोल रहे थे
वे इधर-उधर देख रहे थे
वे आकाश में रेख रहे थे
वे संशय से भरे थे
वे जैसे मरे थे
पर उनका कहना था कि वे जनता हैं
जनता सो तो सकती है लेकिन मर नहीं सकती।

तो
वे उठे अचानक और पेट-पीठ बजाने लगे
वे झूम-झूम कर देश की आरती गाने लगे
वे देश-देश करके झूमने-झुमाने लगे

वे देश के जैसा भेष बनाने लगे
फिर वे देश हो गए
फिर वे खो गए
फिर उन्होंने मुझसे अपना नाम पूछा
फिर उन्होंने मुझसे अपना काम पूछा
मैंने याद दिलाया कि वे तो देश को खोजने निकले थे
देश खोजने की बात आते ही
उनमें से एक बोला
रात जाते ही हम चल देंगे
दिल्ली वालों को कुचल देंगे
अपना देश लेकर चले आएँगे
देश को गले लगाएँगे
फिर उसे कहीं जाने न देंगे
उसे किसी का अन्न खाने न देंगे
सब ख़राबी दिल्ली के नमक में है
सब ख़राबी दिल्ली की चमक में है
वे उसे दिल्ली जाने न देंगे।

सब हुए सहमत उठे फिर
एक नारा दिया जुटे फिर
था बड़ा जयघोष—मुर्दाबाद दिल्ली
था बड़ा उद्घोष—हो बर्बाद दिल्ली।

[पाँच]

तभी एक हुंकार से वे डर गए
सब उठे और शान्ति से भर गए
सबने सोचा क्या देश केवल उन्हीं का है
सबने सोचा क्या करेंगे देश लेकर

अपने घर में अन्न है और खाट है
अपने घर में धन है और ठाट है
जो दुखी हैं वे दुखी हैं
हम सुखी हैं हम सुखी हैं
देश का क्या कोई ठेका मिला है!
बात ख़त्म हुई देश की
फिर दिखा देश घिरा था
धरती पर मुँह के बल गिरा था
लोग उसको नोच रहे थे लूट रहे थे
उसके हाथ पीठ पर बँधे थे
लोग उसको कोंच रहे थे, कूट रहे थे।

वह देश था उठने को छटपटा रहा था
गिर रहा था, लटपटा रहा था
वह तुतला रहा था, हकला रहा था
थोड़े-से ग्रामीण शहरी और बहुत से दिल्ली वाले
मिलकर भक्षण कर रहे थे, सब उजले काले।
वह देश था
चौराहे पर पड़ा था
उठने की ज़िद पर अड़ा था
कुछ लोगों ने देश को रोक लिया था
उसके गले में त्रिशूल-सा कुछ भोंक दिया था।

हिरणी का अयोध्या की रानी कौसल्या से विनय-पत्र!

[यह कविता अवधी के एक लोकगीत से प्रेरित है]

[एक]

राम अभी बालक हैं
कुछ ऋतुएँ देख चुके हैं नेत्र उनके
खिलौनों से खेलनेवाली वय में आ गए हैं!
बोलते नहीं शब्द, मात्र मुस्काते हैं
संकेत से प्रकट करते हैं अपना सुख-दुःख
संकेत से आनन्द-व्यथा बताते हैं!
ठुमक-ठुमककर चलते हैं
अपने पिता अवध के महाराज दशरथ के आँगन में
बजती हैं पैरों में पैंजनिया!
दशरथ ने राम को एक ढपली दी है
हिरण के चमड़े से मढ़ी
चन्दन के काठ की बनी
सोने की छोटी-छोटी घंटियाँ लगी हैं उसमें!
राम वह ढपली बजाते हुए खेल रहे हैं!
वह ढपली राम का प्रिय खिलौना है!

ढपली के स्वर से गूँज रहा है राज़भवन!
ढपली के डिम-डिम से भरता जाता है
सरयू का तट
राज कुंज अशोक वनिका!
राम के साँवले हाथों की छोटी अँगुलियों
और लघु करतल की थपकी से
बजती ढपली की आवाज़
जाती है गूँजती हुई समीप के वन तक भी!

[दो]

वन जहाँ से मारकर उस हिरण को
लाए थे दशरथ
जिसका चमड़ा सिझाकर
मढ़ा गया ढपली पर
राजकुँवर राम के लिए!
उस वन में अभी भी रहती है
मारे गए हिरण की हिरणी
और उसके छोटे-छोटे छौने!
वे सभी सुनते हैं
हिरण के चमड़े से बनी ढपली की आवाज़
जब राम बजाते हैं राजभवन में!
आवाज़ वैसी
जैसे वह मृग स्वयं बोलता हो अपने मृत चमड़े में।
बजा रहे हैं बाल राम
राजभवन में जहाँ-तहाँ खेलते हुए!
चमड़े की जो ध्वनि मन बहलाती है
राम और महारानी माताओं का
महाराज दशरथ का

राजकुमारों का
मंत्रियों सेनापतियों
धनुर्धारी अहेरियों का
वही आवाज़ मथ जाती है मन
विवश हिरणी का
उसके छोटे अबोध छौनों का!
जो दशा एक का मन बहलाती है
वही स्थिति दूसरे के मन में हाहाकार मचाती है!
सोचती है हिरनी!

[तीन]

मारे जाने से लेकर चमड़ा उतारे जाने और ढपली
में बाँधने और बजाने तक
कुछ का मन हुलास से भरा हुआ है
कुछ का मन यातना से मरा हुआ है!
व्यथित मन से हिरणी ने सुना अपने पति
साथी हिरण के चमड़े का बजना
उस बजने में सुनाई दिया मृत मृग का रोना!
उसके चमड़े का व्यथित होना!
बाण लगने पर चीख़ना भागना गिरना फिर मरना
जीवित मृग से मांस और चर्म होना!
राजकुल के मनोरंजन ने उस मोहक मृग को
मांस और चमड़े में परिवर्तित कर दिया।
वह एक बहुत मैली संझा थी
हिरण और हिरणी के लिए
वही संझा कौसल्या और दशरथ के लिए
चर्म उतारनेवालों के लिए
ढपली बनानेवालों के लिए

अबोध बालक राम के लिए एक सुन्दर उज्ज्वल सन्ध्या थी
उपलब्धियों भरी!
कुछ राजसेवकों ने तो कहा भी
हिरण ने कार्य सिद्ध कर दिया राजकुमार का
और राम के काज आकर
उन सेवकों का जीवन भी सुफल हुआ
हिरण जैसे ही!
अब राम वही ढपली बजा रहे हैं!

[चार]

उस शिकार कर लिये गए
हिरण के छोटे छौने इतने छोटे हैं
हिंसा नहीं समझते
आखेट नहीं जानते
मृगया के लिए सम्राटों का प्रस्थान नहीं समझते
किन्तु हिरणी समझती है बाण लगने का दुःख
वह जानती है सहचर के मारे जाने का दुःख
वह समझती है मृगया का मर्म!

वह अरज करने आती है रानी कौसल्या के पास!
हिरणी राजा नहीं रानी के पास आती है
यह सोचकर कि स्त्री समझेगी स्त्री का दुःख।
वह हिरणी चाहती है
उसके हिरण का चमड़ा बजाया ना जाए
उसे लौटा दिया जाए उसको और
उसके छौनों को।
सुनती हुई साथी के मृत चमड़े की ध्वनि
हिरणी ने किया निवेदन रानी से

"राजकुमार की ढपली का चमड़ा खोल लिया जाए
ढपली रहे न रहे उसके हिरण का चमड़ा लौटा दिया जाए
हत्या के बाद भी उसके मीत की छाल को
क्यों पीटा जाए?"
हिरणी बोलती रही उदास रानी कौसल्या से
"कुँवर राम को खेलने के लिए कुछ और दिया जाए
मेरे हिरण का चमड़ा खिलौना नहीं बना रह सकता
उसे मारा राजा ने
हमारे वन में घुसकर
जब वह अपने छौनों के साथ खेल रहा था!
वह वन हिरण का है
वे जीते थे अपना जीवन
अपने बच्चे अपना सुख क्षण
अपनी भूख क्षुधा पल्लव तृण
सब छीना राजा दशरथ ने बाण मार!"

[पाँच]

महारानी कौसल्या ने हिरण के
मारे जाने की कथा सुनी हिरणी से
देखा हिरणी का द्रवित मुख
आँखें नम
नम्र भाव
शब्द कम्पित
किन्तु इस व्यथा में कुछ नया नहीं था रानी के लिए
यह घटना वह कथा रूप में जान चुकी थी
अपने महाराज दशरथ से!
जब रथ में लादकर लाया गया था हिरण
राम के ढपली निर्माण के लिए!

चमड़ा उतारकर
मांस राँधा गया
उत्तम मसाले के साथ
गाय के घृत में पकाया गया उसे
राज रसोई में!
कौसल्या को स्मरण हो आया
उस हिरण के बड़े सींगों का
जो सजाए जाने के लिए रखे हैं राजभवन में!
अपनी बात कहकर हिरणी खड़ी रही
रानी कौसल्या के सम्मुख
उसने देखा
उसके सामने ही कंचन खम्भ से लगकर खड़े
बजाते थे ढपली डिम डिम
लघु करतल से
पाँवों में सोने की पैंजनिया पहने
साँवले से राम!

[छह]

रानी कौसल्या ने भी देखा अपने राजकुँवर को
अपने कोख-जाये छौने को
डिम डिम बजाते ढपली।
देखने में भेद इतना अधिक था
महारानी और हिरणी की दृष्टि में
कौसल्या को
हिरणी के हिरण का चमड़ा नहीं दिखा
दिखा तो अपना अनोखा राजकुमार
कंचन खम्भ से उठंगा
छोटी अँगुलियों और लघु करतल से

ढपली बजाता!
हिरणी सुनती थी
सुनने से अधिक देखती थी
अपने हिरण का चमड़ा बज रहा है।
दु:ख की लय गति ताल सुनी हिरणी ने
राजभवन के बाहर खड़ी रही आहत मन
अपने प्रिय हिरण का मृत चमड़ा वापस पाने के लिए
किन्तु महारानी कौसल्या उसकी
सारी व्यथा सुनकर चली गईं
अपने खेलते राजकुँवर की ओर
ममता से भारी था उनका हृदय
द्रवित था पोर-पोर!

[सात]

छोटे-से राम के हाथों में
सुवर्ण घंटियों से रुनक-झुनक
की मिश्रित ध्वनि में डिम डिम करती
छोटी थापें लिये बजती थी ढपली!
जैसे राम की अप्रकट वाणी
जैसे शब्द सीखने की अकुलाहट
वह डिम डिम वैसा ही कुछ!
अपने सुख में महारानी भूल गईं हिरणी का संताप
क्या यही न्याय था रानी कौसल्या का
एक निबल फ़रियादी के लिए?
याचक अक्सर अपना पक्ष
नहीं रख पाता
उसके विनय को अस्वीकार करना सहज भी होता है
सत्ता के लिए।

जिनके पास शस्त्र नहीं
उनके शोकाकुल विलाप सुने नहीं जाते
ऐसा ही चल रहा है न जाने कब से!

हुआ कुछ ऐसा
कौसल्या भूल गईं हिरणी क्यों आई थी
उनसे क्या दुखड़ा रोने?
उसके सारे रुदन को विस्मृत कर
वे अपने राम के रूप में अरुझ गईं!

[आठ]

बाल राम खोए थे अपने उस नये खिलौने में
जो उनके छूने से हल्की तुतलाहट-सी ध्वनि करता था!

उस वादन में रुद्र के डमरू का भयोत्पादक नाद नहीं
एक स्नेह की पुकार उपजती जाती थी!

इस स्नेह सुख ध्वनि में
मुख्य भूमिका है हिरणी के हिरण की छाल की
कौसल्या को स्मरण रहा इतना-भर।

हिरणी के प्रति भाव से भर गईं महारानी
उसी क्षण उन्होंने सेविका से कहा बुलवाओ
राजकीय सुवर्णकार को
इस व्यथित हिरणी के खुरों को सोने से मढ़ाऊँगी
इसे यहीं रखूँगी पोसकर
राजभवन की शोभा बढ़ाऊँगी
इस हिरणी से राज-उपवन सजाऊँगी

इसके हिरण का चमड़ा मन बहलाता है राम का
यह जीवित मन बहलाएगी मेरे कुँवर का!

दौड़ते आएँ सुवर्णकार
सज्जित करें इस हिरणी को
राजभवन की शोभा योग्य!

इसके खुरों में वन की मलिनता हो जो छुपी
उसे धो-पोंछ कर
बनाएँ सुघड़ सुन्दर
राज सुवर्णकार!

उसी क्षण आए धाये सब गुणवंत
छाल उतारने वाले भी
खुर सज्जित करने वाले भी
सींग सुघर करने वाले भी!

हिरणी आस लिये उपस्थित है अभी भी
राजभवन के आँगन में!

[नौ]

वहाँ आए तभी अवध के महाराज दशरथ
उन्होंने खेलते राम लल्ला को देखा
राम की क्रीड़ारत सुघर छवि देखते खड़े रहे वे
जैसे सुवर्ण स्तम्भ स्वयं हों राजा!

सोने के तार खचित वस्त्र
सोने के वलयों से सज्जित मुकुट

उपानह सुवर्णमंडित
कटि मेखला सुवर्ण की!

महाराज को
अपने शब्दवेधी बाण-सन्धान पर गर्व हुआ
फिर पुत्र राम से लेकर बजाने लगे ढपली स्वयं
ताल-बेताल की चिन्ता किये बिना!

अबकी वादन हुआ कठोर
कठोर नाद रुद्र के डमरू-सा
भयोत्पादक!

सुनकर भिन्न भाव ढपली का
जुट गया दरबार वहीं जहाँ थे राजा, राजकुँवर
पुरोहित मंत्री सेनाधिप
सैनिक अहेर सहायक
सिद्ध आखेटक
चर्मकार और बढ़ई
ढपली बनाने वाले गुणवंत सब
संगीतज्ञ रसिक जन जुटे तत्काल!

रानियाँ अन्य
कैकेई सुमित्रा मंथरा वशिष्ठ जाबाली सुमंत्र
सभी दरबारी चाटुकार सब जुटे अदेर!

[दस]

सभी भाव विमुग्ध देखते क्रम से
राजा और कुँवर को

राजा लखते ज्येष्ठ कुँवर को
रानी कौसल्या खोई सी
देख रहीं थी निज विभव
सौभाग्य को!

सब अहो ओह करते कहते :
"खिल-खिल है यह क्षण
मोहक और मनोहर है कण-कण"

एकमात्र हिरणी थी दु:ख में खोई
न्याय आस में निरखती थी रानी मुख कोई।

किन्तु अपने सुख में खोई रानी ने
दुहरायी अपनी इच्छा
उस हिरणी के चारों खुरों को
सोने से मढ़वाने की इच्छा
जिसके हिरण के चमड़े से बनी ढपली को
बजा-बजाकर हर्षित थे राजकुँवर राम!

हिरणी ने रानी का संकल्प सुना
राजभवन से निकलने का विकल्प चुना
वह भागी वन की ओर
जहाँ उसके छौने उसे खोजते बिलप रहे थे
उपवन उपवन!

रही खोजती अपने छौने
वह हिरणी जो न्याय की अभिलाषा
लेकर गई थी राजभवन
महारानी कौसल्या के पास!

वह गई अगले से अगले वन
दूर का वन और दूर का महावन
न मिले छौने कहीं किसी वन में!

नहीं मिली अपने छौनों की परछाईं भी
सन्ध्या से रजनी, रजनी से उषा
प्रभात तक दौड़ी वह मारी-मारी दुखियारी।

अपने मृत हिरण की स्मृति-सी वह
बजती दुःख-सी स्वयं।

[ग्यारह]

हिरणी का संताप भूल
लगे हैं सब रामलीला में
राम जो अभी बालक हैं
नन्ही अँगुलियों लघु करतल वाले राम
बजाते हैं ढपली
वह आवाज सुनकर
सहम जाती है वन की हिरणी
उसके हिरण का चमड़ा
बजाकर ख़ुश होते हैं राजकुँवर!

दंडक वन तक सुनाई पड़ती है
ढपली की आवाज़ महाविलाप-सी
एक विपन्न के रोदन-सी!

जहाँ नहीं पहुँचती सत्ता की धमक थाप
वहाँ भी पहुँचती है

शासकीय शस्त्रों की तीक्ष्ण घाप
शायकों की अदृश्य तेज़ नोक वेधती रहती है।

रक्त बहता न दिखे
घाव वृहत्तर होता न दिखे
पीड़ा का आभास न हो
किन्तु मरण दुःख मिटता नहीं
लुप्त रहकर संघात करता मिटाता है वह
सत्ता से आशा रखनेवाले निहत्थों को!

[बारह]

महारानी कौसल्या की
मनोकामना सुनकर
विकल हुए वृद्ध महाराज
उस निर्मल आकांक्षा को
पूर्ण करने के लिए
दशरथ ने राज-आज्ञा दे दी!

आखेटक खोजने दौड़ पड़े हिरणी को
घेरा डाला जाने लगा वन के सीमांत पर
पकड़ना है उस हिरण की हिरणी को
जिसकी छाल ने मढ़ी है
कुँवर रघुनन्दन राम की ढपली!

सोने से मंडित किया जाना है
हिरणी के खुरों को!

उनकी महानता को

सहन नहीं हुई मृदुता हिरणी की
वह आई थी राम को देखने
उनका संसर्ग पाने
अपना जीवन सुफल बनाने
तो उसे राज्य-आश्रय मिलना ही चाहिए!

महारानी का मन कितना उदार है
बतियाते हैं सेवक शिकारी आखेटक
किसी का ऋण नहीं रखती स्वयं पर
महारानी कभी भी
फिर निर्बल हिरणी का ऋण कैसे रखें!

हाहाकार है राजभवन से निकट वन तक
निकट वन से महावन तक
खोजो हिरणी को
पाओ हिरणी को
लाओ हिरणी को!

इसी क्रम में पकड़े गए अनेक मृग
अनेक अन्य हिरणी हिरण
छौने कई-कई!

सबको रानी के समक्ष प्रस्तुत किया गया
रानी ने सबकी आखों में झाँक-झाँककर देखा
मारे गए हिरण की
हिरणी वाली उदास मृदुता नहीं दिखी किसी भी
अन्य मृग की आँखों में!

[तेरह]

हिरणी की खोज में विकल हैं राजकीय सेवक
चाकर नौकर आखेटक
रानी की इच्छा होती है राजा की इच्छा।

हिरणी भागी-भागी फिरती है
वह नहीं चाहती मढ़वाना
अपने प्रिय हिरण के हत्यारों द्वारा अपने खुर
वह राज्य संरक्षण में बँधकर रहना नहीं चाहती
नहीं चाहती अपने खुरों से
वन की मिट्टी का धोया जाना
नहीं चाहती अपना श्रृंगार।

वह यह भी नहीं चाहती बजे चमड़ा
उसके मृत हिरण का
हत्यारों के राजभवन में
हत्यारों के मनोरंजन में!

वह नहीं चाहती
किन्तु उसके साधनहीन जीवन में
चाहने के अतिरिक्त और कोई शक्ति नहीं!

राज्य की शक्ति में डूबा
कौन देखता-सुनता है निरीह की व्यथा!

हिरणी नहीं चाहती खोएँ उसके छौने
छिने उसके छौनों से उनका वन
हिरणी नहीं चाहती उसके
छौनों का चमड़ा छीला और उतारा जाए

मढ़ा जाए किसी की ढपली में!
सींगों को राज-कक्ष में सजाया जाए।

[चौदह]

सहृदय आकांक्षा से उत्पीड़न कहाँ रुका है
त्रेता युग बीते बरस अनेक हुए गत
विनय-निवेदन से कब सत्ता का मद चुका है
कब राजभवन झुका है!

हिरणी अपने हिरण
और छौनों को रोती
इस वन से उस वन भाग रही है
वह त्रेता से अब तक
अपने प्रिय हिरण का चमड़ा माँग रही है!
और रानी की आकांक्षा पूरी करने के लिए
सिद्ध आखेटक
खुर सज्जा में निपुण सुवर्णकार
खोजते दौड़ रहे हैं
इच्छित हिरणी को
निकट वन से दूर वन
महावन से
दंडक वन तक!

त्रेता युग हुआ कब का गत
हिरणी भाग रही है
मृत हिरण की स्मृति-सी आहत!

'छापक पेड़ छिउलिया त पतबन गहबर हो'

[मूल लोकगीत]

छापक पेड़ छिउलिया त पतवन गहबर हो
रामा ओहि तर ठाढ़ि हरिनिया त मन अति अनमनि हो।
चरतइ चरत हरिनवा त हरिनी से पूछइ हो
हरिनी, का तोर चरहा झुरान कि जल बिन मुरझिव हो
नाहीं मोर चरहा झुरान न जल बिन मुरझी हो
हरिना, आजु राजा घरे छठी बाटई, तोहके मारि डरिहैं हो।

मचिया पे बइठी कोसिल्ला रानी, हरिनी अरज करे हो
रानी, मंसुआ त सिझेला रसोइयाँ खलरिया हमके देतू न हो।
पेड़वा से टाँगी के खलरिया त मन समुझाउब हो
रानी, घूमी फिरि देखब खलरिया मानब हरिना जीयत हो।
जाहु हरिनि जाहु आपन बनवाँ खलरिया नाहीं देबई हो
हरिनी, खलरी के खझड़ी मढ़ाउब राम मोर खेलिहइं न हो।
जब जब बाजइ खझड़िया धुनक सुनि अकनई हो
हरिनी ठाढ़ि छिउलिया के तरवाँ हरिना के रोअई हो।

[मूल गीत का हिन्दी भाव अनुवाद]

वन में हरे-भरे पत्तों वाला वह पेड़ छिउल का
और छिउल के पेड़ तले हिरनी खड़ी है विकल।
पास चरता उसका हिरन पूछता है—
'हिरनी क्या तुम जल के बिना मुरझा गई हो?
या तुम्हारा चरागाह झुरा गया है?'
उदास हिरनी बोलती है 'न बिना जल के मुरझाई हूँ
न मेरा चरागाह ही झुरा गया है,
हे हिरन, राजा के घर आज छठी का भोज है,

हे मेरे हिरन, वे तुमको आज मार डालेंगे।'

मचिया के ऊपर बैठी हैं कोसिल्या रानी
हिरनी उनसे रोकर फरियाद कर रही है—
"रानी, मेरे हिरन का मांस तो रसोई में पक रहा है,
पर मेरे उस हिरन की खाल तो मुझे दे दें
उसे पेड़ पर टाँग दूँगी और घूम-फिर के देखूँगी
अपने मन को ढाढस दे मनाऊँगी
सोचूँगी मेरा हिरन अभी जीवित है मेरे पास।"

कोसिल्या कहती हैं—"हिरनी, अपने वन जाओ,
मैं हिरन का चमड़ा तुमको नहीं दूँगी,
मैं तो तुम्हारे हिरण के चमड़े से एक खँझड़ी मढ़वाऊँगी,
मेरे राम लल्ला उस खँझड़ी से खेलेंगे।"

जब खँझड़ी बजती है, हिरनी चुपचाप सुनती है
उसी छिउल के पेड़ तले खड़ी हिरनी अपने हिरन को रोती है।

[भावानुवाद : आभा बोधिसत्व]

दारा शुकोह का पुस्तकालय और औरंगजेब के आँसू!

शाहजहाँ जब बादशाह था
उसके बड़े बेटे दारा शुकोह ने
अपने लिए एक पुस्तकालय बनवाया था
दिल्ली में कहीं।
लेकिन अब वह पुस्तकालय नहीं मिलता
खोजने पर भी समूची दिल्ली में
शायद नाम बदल गया हो उसका भी!

उस पुस्तकालय को खोजता हुआ मैं
वहाँ पहुँच जाता हूँ बार-बार
जहाँ दारा की सिर कटी देह दफ़न है!
उसके ही परदादा हुमायूँ के मक़बरे में।

दारा के कटे सिर का क्या हुआ?
उस कटे सिर को दिल्ली में
किस-किस ने देखा होगा और
चुप रहा होगा?
या रोया होगा?
यह प्रश्न दिल्ली में
सुबकता हुआ सुनाई देता है!

तब किस-किसने लगाया होगा
बादशाह औरंगजेब ज़िन्दाबाद का नारा?
किस-किसने दारा को कहा होगा कायर
और होगा धिक्कारा?

तब कौन-कौन
चीख़ा और तड़पा होगा
दारा को बचाने के लिए
इतिहास कुछ नहीं बोलता इस पर!
दिल्ली में इतिहास भी हो जाता है
अक्षर हीन निरुत्तर!

एक सुनी-सुनाई बात है
जब दारा दिल्ली लाया गया बाँधकर
चिथड़े में घुमाया गया उसे
चाँदनी चौक और दिल्ली के बाज़ारों में।

तभी उसने अपना पुस्तकालय देखा
दूर से
उसने उसे घेरकर बैठे
औरंगजेब के कारिंदे
बहादुर ख़ान से कहा कि
उसे वेदों को पढ़ना है फिर से
उसे महाभारत का अनुवाद करना है
उसे फिर से काशी जाना है
उसे और सीखना है संस्कृत
उपनिषदों के और अध्याय समझने हैं
उसे बादशाह नहीं बनना!

बहादुर ख़ान चुप रहा तो दारा फिर बोला

"मरियम का बेटा उसे बचाने आएगा!"
कहो औरंगजेब से
मुझे पढ़ने के लिए जीवनदान दे दे
सारा हिंदुस्तान लेकर
मुझे मेरा पुस्तकालय दे दे!

उसकी फ़रियाद पर बहादुर ख़ान ने कहा कुछ नहीं
बस देखता रहा दारा को
दारा ने फिर कहा
मुझे औरंगजेब के सामने ले चलो
मैं उससे मिन्नत करके माँग लूँगा
अपना पुस्तकालय!

लेकिन अपना पुस्तकालय खोजता हुआ दारा
अपने परदादा हुमायूँ की समाधि के अहाते में
पहुँच गया!

जहाँ उसने पाया कि उसका सिर तो
कब का धड़ से अलग हो चुका है!
पुरानी दिल्ली के अपने ही बाग़ में!
जहाँ वह मारे जाने के पहले तक क़ैद था
खिज्राबाद में
जब वह मुड़ा दूसरी ओर तो उसे केवल धुआँ दिखा
एक कराह की तरह का धुआँ!

उसका पुस्तकालय तो जल चुका था
सत्ता दख़ल करने में
औरंगजेब बहुत आगे निकल चुका था

तब तक

औरंगजेब की जयकार करने वाली भीड़
बहुत अधिक हो गई थी!

ऐसा नहीं कि हर कोई दारा के ख़िलाफ़ था
ऐसा नहीं कि
हर कोई नाराज़ था उससे कि
वह वेद क्यों पढ़ रहा है?
वह उपनिषद् क्यों पढ़ रहा है?
वह संस्कृत क्यों पढ़ रहा है?
वह कोई और हिन्दुस्तान गढ़ रहा है?

लेकिन दिल्ली में चहेतों के रुदन और
अपनेपन में भी दारा अकेला हो गया
इसी दिल्ली में
उसका कटा सिर पता नहीं कहाँ खो गया
इसी दिल्ली में।

लोग चाहते हुए भी दारा को छुड़ा न सके
औरंगजेब की पकड़ से उसे बचा न सके।

आँसुओं की लड़ियाँ
मुक्ति नहीं दिलातीं किसी को भी
यह दर्ज है इसी दिल्ली में
मात्र हाहाकार से सत्ता के हाथ नहीं रुकते
यह दर्ज हुआ इसी दिल्ली में

विलाप करने वाले लोग औरंगजेब के बन्धन से
दारा को बचा न सके
इसी दिल्ली में।

इसी दिल्ली में
मेल-जोल चाहने वाले काट दिये गए
इसी दिल्ली में
कटुता चाहने वालों को सिर पर बैठाया गया
औरंगजेब के नाम की माला जपते रहे
उसके नाम पर जयकारा लगाया!
उसे आलमगीर बनाया!

ऐसा नहीं कि दारा के लिए रोने वाले न थे
लेकिन इतिहास रोने से नहीं बदलता!

कोई दारा आँसुओं से नहीं बचता!
किसी भी दारा का पुस्तकालय
केवल सदिच्छा से नहीं बचता!

कितनी ही बार हुआ ऐसा इसी दिल्ली में
कितने दारा मारे गए
कितने पुस्तकालय जलाए गए
यह बात दिल्ली भी भूल गई है
और इतिहास भी कुछ नहीं बोलता!

लेकिन अब भी दारा का कटा हुआ सिर
अपना पुस्तकालय खोजता फिर रहा है!
हुमायूँ के मक़बरे से उसके धड़ के
सिसकने की आवाज़ आती है
बिना सिर वाली दारा की लाश
अपने पुस्तकालय को बचाने की
फ़रियाद लगाती है।

लेकिन

कोई औरंगजेब नहीं चाहता कि
दारा ज़िन्दा होकर लौट आए
सबको अपने पुस्तकालय ले जाकर
सत्ता के ख़िलाफ़ सोचना सिखाए!

जब दारा का कटा हुआ सिर
लाया गया थाल में रखकर
औरंगजेब के सामने
उसने पवित्र जमुना का पानी मँगवाकर
धुलवाया ख़ून और धूल से सना
अपने भाई दारा का चेहरा
और फिर रोने लगा!

उससे बोला नहीं गया बहुत देर तक
वह भावनाओं से भर गया था!
वह फफक रहा था
दारा के कटे सिर के सामने
अपने आँसू रोककर बोला औरंगजेब!

अभागे दारा का कटा हुआ सिर देखे
दारा के लिए रोने वाली
सारी अभागी दिल्ली!

इस कटे सिर को घुमाओ दिल्ली में
बताओ रोने वाले लोगों को कि
दारा के लिए रोना औरंगजेब से बग़ावत है!

तब से
दारा का कटा हुआ सिर
दारा का पुस्तकालय

दारा की सिर कटी देह
दिल्ली के लिए सवाल हैं!
हर युग में
औरंगजेब के आँसू
औरंगजेब के लिए एक ढाल हैं!

संस्कृत के कवि और फ़ारसी बोलने वाली लड़की का प्रेम!

[यह कविता एक शोक-पत्र है]

पंडितराज जगन्नाथ संस्कृत के कवि थे
वे दक्षिण भारत से भेंट थे उत्तर को
भक्ति की तरह!
रहते थे काशी में गंगा के भक्त थे।

गंगा-दर्शन गंगा-पूजन जीवन था उनका
गंगा-भक्ति ही उनका आचरण था!
सावन हो या भादो
गंगा को देखे बिना नहीं रहते थे
जो भी मिले
उससे गंगा की महिमा कहते थे।
देश पर शाहजहाँ या औरंगजेब का शासन था
गंगा तब भी बहती थी
काशी की पसलियों में छिपा दुःख पोंछती हुई!

एक दिन जब उफनाई थी काशी में गंगा
उन्होंने गंगा की सीढ़ियों पर
एक मुसलमान लड़की को देखा

वह गंगा नहाने आई थी।

गंगा नहाते-नहाते वह लड़की डूबने लगी
बहने लगी
उस डूबती लड़की ने बचाव के लिए
पुकारा फ़ारसी में!

डूबने वाले की फ़रियाद की
कोई भाषा नहीं होती
यह मर्म एक कवि से अधिक
कौन समझ सकता था!
अपनी गंगा की स्तुति छोड़कर जगन्नाथ
कूद गए प्रवाह में
उन्होंने उस लड़की को गंगा में
बह जाने से बचाया और किनारे ले आए।

फ़ारसी और संस्कृत का
एक मेल आरम्भ हुआ गंगा की साक्षी में!

लड़की ने शुक्रिया कहा तो
उन्हें ध्यान आया कि
उन्होंने एक यवन लड़की को डूबने से बचाया है!

"बचाओ" की करुण पुकार में जगन्नाथ
भूल गए कि एक मुसलमान लड़की डूब रही थी
जिसे वे बचा चुके हैं!

और लड़की जीवन पाकर
जा चुकी है!
गंगा बहती रहीं!

जगन्नाथ अशुद्ध हो गए थे एक यवनी को छूकर
उन्होंने ख़ुद को शुद्ध करने के लिए प्रायश्चित किया
गंगा नहाए यज्ञ किया
पर शुक्रिया की आवाज़ भूल न पाए।

अगले दिन वह अनाम यवनी
उन्हें फिर मिली और
फिर अदा किया शुक्रिया।

किन्तु आज वह बिना नहाए चली गई
जगन्नाथ उसे बिना नहाए जाते देखते रहे।

ऐसा ही चला कुछ दिन
कभी लहरतारा कभी मणिकर्णिका
कभी दशाश्वमेध
काशी की गलियों में
काशी के घाटों पर मिलती रही
वह यवन लड़की
संस्कृत कवि जगन्नाथ को।

लड़की को पता चला कि
उसके कारण अपवित्र हो गए हैं
जगन्नाथ तो उसने माफ़ी माँगी उनसे
और बोली अब आपकी गंगा में न नहाऊँगी।

गंगा की सीढ़ियों पर भी न आऊँगी
गंगा मैया भी कहीं अपवित्र न हो जाएँ मुझे छूकर।

माफ़ी माँग लूँगी देवी गंगा से
अनजाने में उनमें नहाने

जो उतर गई थी उस दिन!

उसके बाद वह यवन लड़की
नहीं दिखी पंडित जगन्नाथ को
किन्तु जगन्नाथ को
कुछ भी नहीं भूल रहा था उस लड़की का
उसका डूबना
उसका बचाव के लिए पुकारना
उसका गंगा को त्यागकर चली जाना
फिर गंगा नहाने भी न आना!

जगन्नाथ भूल गए सारे छंद
जगन्नाथ भूल गए सारा व्याकरण
सारे रस
स्मृति में बह रही थी वह यवन लड़की!

एक दिन वे जा पहुँचे उसके घर तक
और उसे अपना मानकर साथ चलने को कहा
लड़की नहीं चाहती थी
जगन्नाथ को नष्ट करना
वह उनके साथ जाने को तैयार न थी
किन्तु हठ से हार गई उनके।

जो प्रेम हठ नहीं करता वो
बच नहीं सकता!

आगे इतना ही हुआ कि
यवनी से प्रेम ने जगन्नाथ को
नहीं रहने दिया हिन्दू
वे त्याज्य हो गए

उनकी कविता अब
एक दूषित हिन्दू की कविता थी
उनके श्लोक अब अपवित्र हो गए थे
क्योंकि वे एक यवनी से एकमेक हो गए थे।

उनको प्रेम करने से
उनके युग के बादशाह ने नहीं
काशी के लोगों ने रोका।

जगन्नाथ उस यवनी से नफ़रत करते तो
अपने समाज के शिखर होते
वे यवनों के नाश के छंद रचते तो
पावन पूज्य होते प्रखर होते!
वे तो यवनी को गंगा मान बैठे थे
और उनको उनके प्रेम का प्रसाद मिला जीवित मरण
उनको गंगा ने अपने हृदय में दिया शरण।
गंगा की लहरों में लुप्त हो जाने के
पहले अकेले पड़ गए कवि को प्रेम ने मारा
यह कैसा समाज है
जहाँ प्रेम ही हो जाता है हत्यारा!

जगन्नाथ ने लिखी गंगा की कहानी
जो आज गंगा की सबसे बड़ी वंदना है
एक अछूत कवि की अर्चना है।

काशी में गंगा हार गई
काशी में संस्कृत हार गई
काशी में कवि हार गया
काशी में प्रेम हार गया!

काशी में गंगाधर मौन रह गए
कवि के प्रेम की रक्षा न कर पाए वे भी
काशी के कोतवाल सारे भैरव मूक हो गए
काशी में गंगा चूक गईं।
कवि के साथ काशी नहीं खड़ी हुई
प्रेमी के साथ काशी खड़ी नहीं हुई
नफ़रत करने की रीति वाले प्रबल थे काशी में!

प्रेम में डूबे कवि को डूबकर मरना पड़ा
जबकि डूबना चाहिए था काशी को
इस बासी नगर को बह जाना था
यवनी और जगन्नाथ के त्रास में
मिल जाना था धूल में बनकर चिता भस्म
उड़ जाना था आकाश में!
पर निर्लज्ज काशी देखती रही
प्रेम के अन्त का तमाशा!

जगन्नाथ को शरण मिली कृष्ण के वृंदावन में
वहाँ मरण हुआ उनके शरीर का सूनेपन में
जैसे कृष्ण एकाकी मरे प्रभास में!
जगन्नाथ के बहिष्कार को शुद्धि
और उनके अपमान मरण को
मोक्ष कहते काशी के पावन पंडे
जगन्नाथ का प्रेम उनके लिए अपावन था
इसलिए काशी में जगन्नाथ की
न कोई पूछ थी न कहीं आवन जावन था!

काशी में प्रेम करना निषिद्ध था
जबकि शिव गंगा का प्रेम विश्वप्रसिद्ध था
उसी काशी में!

उसी शिव की काशी में
गंगा एक यवनी और अपने एक भक्त कवि को
पवित्र न कर पाई!
शिव प्रिया गंगा अपने भक्त जगन्नाथ को
काशी में न बसा पाई
काम न आई काशी में शिव की प्रभुताई
फिर काशी में किसकी दी जाए दुहाई!

जिस त्रिशूल पर काशी टिकी है वही
शिव का त्रिशूल
प्रेम करने वालों की छाती में गड़ा है
हत्यारों का पक्ष आज भी बड़ा है!
डूबते को बचाने वाले मारे गए काशी में
प्रेम करने वाले मारे गए काशी में
घृणा करने वाले संहारक
बने रहे काशी उद्धारक!

मगध डूब रहा है!

अभी-अभी
मगध से सन्देश आया है कि
मगध के जल में मगध डूब रहा है।

मगध के साथ समस्तीपुर डूब रहा है
राजगृह डूब रहा है
बोधगया तीरभुक्ति
सब डूब रहा है

वैशाली का वज्जि संघ
जलमग्न है
पावा अररिया
भल्ल ग्राम सब डूब रहे हैं।

मगध आर्तनाद कर रहा है
जरासन्ध का मगध डूब रहा है
महापद्मनन्द चन्द्रगुप्त मौर्य और
देवानां प्रियदर्शी अशोक का मगध डूब रहा है
संघमित्रा महेन्द्र का मगध डूब रहा है।

छोटी-छोटी नदियाँ बौरा गई हैं
और सब कुछ डुबा रही हैं
फल्गु नैरंजना कोसी
खिरोई गंडकी नारायणी
जीवछ-कमला बलान और भुतही बलान
करेह पनार शुक्तिमती बंसलोई मयूराक्षी
उत्तर कोइल पुनःपुना चानन धाधर गेरुआ
गुमानी
तमाम
एक से एक क्षुद्र नदियाँ
अकुलीन चुप्पी नदियाँ
बेऔक़ात नदियाँ
सब पगला गई हैं
पता नहीं किस वेदना से उधिरा गई हैं
और निर्बंध बह रही हैं
और बहा रही हैं सब कुछ।

डूबते मगध से
अंग बंग काशी कोशल पूछ रहे हैं
मगध से लड़ता कलिंग पूछ रहा है
मगध कब तक डूबता रहेगा?

मगध और इन्द्रप्रस्थ की राजाज्ञाओं का
कोई प्रभाव नहीं इन नदियों पर
जैसे बहरी हो गई हों
जैसे अपनी प्रजाओं को
निगलने के लिए
जैसे अपनी जर्जर धारा को अपने में छुपा लेने के लिए
अकस्मात् और गहरी हो गई हों।

मगध के साथ-साथ
मगध का वैभव डूब रहा है
मगध का इतिहास
मगध का आकाश डूब रहा है।

कितने आज्ञापत्र बह गए
बह गए कितने शिलालेख
ऐसा ही प्रवाह रहा तो
आज्ञा देनेवाले भी बह जाएँगे
अनुचर अगम अगोचर सब
गुड़ुप्प हो जाएँगे....

ऐसा कहता हुआ विलपता हुआ
इन्द्रप्रस्थ की ओर
प्रस्थान कर गया है
गुप्त सन्देशवाहक।

और सोन गंगा के संगम पर
एक टिटिहिरी दूसरे से
कह रही है
महाप्रभु की आज्ञा बिना
चक्रवर्तियों की अवहेलना करके
धृष्ट मगध डूब रहा है
मगध-मान
बह रहा है।

जरासन्ध का अखाड़ा

[एक]

मगध में जरासन्ध राज्य करता था!
राजधानी थी गिरिबज्र में।

उसे मल्ल युद्ध प्रिय था
और मल्ल योद्धाओं से प्रेम करता था वह।

राज्य में उसने कई अखाड़े बनवा रखे थे
हर चौराहे पर एक अखाड़ा था
हर गाँव में
हर नगर में!

घरों के आँगन और खलिहान
अपने आप अखाड़े में बदल गये थे
उसकी छाया में।

जरासन्ध ने अपने राजभवन में भी
बनवा रखे थे कई अखाड़े!

उन अखाड़ों के चिह्न अभी भी मिलते हैं

गिरिबज्र और
गृधकूट के आसपास!

जरासन्ध
शान्तनु-गंगा पुत्र भीष्म का समकालीन था
वह मथुरा के राजा श्रीकृष्ण के मामा
कंस का ससुर था
और उसने एक गुट बना रखा था
मल्ल योद्धाओं और दंगल-प्रिय राजाओं का!

राज्य करने में उसकी रुचि नहीं थी
किंतु गद्दी से उतरने की इच्छा भी नहीं थी
उस जरासन्ध की।

दिन-रात चिंतन करता था कैसे चित्त
करके पटकनी दे
सामने वाले को
कैसे मिट्टी में मिला दे
प्रतिपक्षी का अस्तित्व
और बना रहे सत्ता में!

उसके लिए अखाड़ा ही जीवन था
दंगल ही उसकी दिनचर्या थी।

विपक्षी को मसलकर रख दे
वह मर जाए या स्वीकार करे पराजय
इसी शर्त पर छूटता था उसका दंगल
करो स्वीकार मरण या बोलो जय!

[दो]

ग्रंथ बताते हैं वह भक्त था
शिव-आराधना में निष्ठा थी
और अहोरात्र शिव-शिव का जाप करता था
अखाड़े में भी शिव रहते थे ध्यान में!

उसके गुट में शिशुपाल था
उसके गुट में कंस था
उसके साथ पौंड्रक था
सबके सब अपने राज्य में
अखाड़े में ही करते थे सारे निर्णय!

उनकी सत्ता अखाड़े से ही संचालित थी!

वे समझते थे और यही बात समझाना चाहते थे कि
अखाड़ा तर्क नहीं जानता
अखाड़ा बहस नहीं करता
अखाड़ा वार्तालाप नहीं करता
अखाड़ा सुनता नहीं
अखाड़ा जानता है केवल दाँव-पेंच
केवल पैंतरे
केवल पछाड़ने और
पटकनी देने की युक्तियाँ।

केवल पराजय और नाश कर देने की चुनौती को
जीवन का लक्ष्य बना देता है अखाड़ा!

मगध जानता है
अपने बहुत पुराने सम्राट की अखाड़ा नीति को

जब गिरिबज्र के दुर्ग में गूँजा करता था
दंगल का कोलाहल
दिन-रात
मिट्टी में सना जरासन्ध
मिट्टी में मिलाता रहता था
प्रतिपक्षी को!

जो राजा और सामंत दंगल नहीं करते थे
उसके कहने पर भी
उनको जरासन्ध अपने कारागार में
क़ैद कर लिया करता था!

ऐसे एक हज़ार राजा थे
उसकी कारा में बंधक।

उनके सामने शर्त थी एक
अखाड़े को जीवन बनाओ
दंगल से राज्य चलाओ।

छोड़ दो पुरानी रीति-नीति
करो दंगल और अखाड़े से प्रीति।

[तीन]

जरासन्ध का एक और विशेष गुण था
वह समझता था केवल दाँव-पेच की भाषा
शांति के प्रस्ताव भी वह अखाड़े में सुनता था
संधि-पत्र भी अखाड़े में पढ़े
और मिट्टी में मिलाए जाते थे!

करना हो न्याय या वैवाहिक गठबंधन
या राजकीय घोषणा कोई
सब के लिए अखाड़ा ही था एक स्थान
वहीं होते थे सब शुभ-अशुभ कर्म।

विपक्ष में राज्य हों या राजा
लड़ैया हो या पहलवान
कैसा भी योद्धा हो क्रूर कपटी छली
पितृघाती सब जरासन्ध को प्रिय हो जाते
यदि वे आ जाते उसके
पाले में!

उसके युग के सभी अधर्मी उसके गुट में थे!
सभी आचारहीन लोग उसके योद्धा हो गये थे
एक-एक करके सबको उसने गले लगा लिया था।

कंस ने पिता को गद्‌दी से उतारकर पाया राज्य
जरासन्ध को वह प्रिय हुआ!
उसने कभी नहीं कहा अपने दामाद से
कि न करे देवकी के बच्चों की हत्या!
कंस को देता रहा समर्थन उसके
हर अन्याय को न्याय कहता रहा
ताली बजाकर
ताल ठोककर!

दुर्योधन हो या शिशुपाल
जो थे जहाँ और जितने अराजक
सब के सब थे जरासन्ध के प्रेम-भाजक!

[चार]

जरासन्ध दो माताओं का पुत्र था
वह आधा-आधा पैदा हुआ था
दो गर्भों से।

ऐसे आधे-आधे पुत्र को पाकर क्या करते
उसके पिता मगध सम्राट वृहद्रथ
क्या करतीं उनकी दोनों रानियाँ
आधे-आधे जन्मे पुत्र का लोथ!

मगध के राजपुत्र का वह लोथ फेंक दिया गया
नगर के चौराहे पर
जो राजदुर्ग के समीप ही था!

मगधराज की
कुलदेवी थी
जरा नाम की मायाविनी!

उसने लोथ को देखा
खाने के लिए उठाया भी
खाने के लिए ही जोड़ा दोनों टुकड़ों को तो
दो हिस्से में जन्मा बच्चा जी उठा।

मायाविनी जीवितों का भक्षण नहीं करती थी
तभी शायद वह कुल देवी थी।

जरा ने कुल देवी होने का कर्म पूरा किया
और स्वयं द्वारा जोड़े उस पुत्र को
लाकर सौंप दिया सम्राट को!

उसकी दोनों रानियों को!

जरा के संध से मिला जीवन
जरासन्ध हुआ नामकरण
भावी सम्राट का!

सम्राट वृहद्रथ ने समय पर
राज्य सौंप दिया जरासन्ध को और
स्वयं विदा हुए वानप्रस्थ के लिए।

जरासन्ध ने वृहद्रथ की सारी नीति को
दंगल में किया परिवर्तित
उसे रोकने वाला कोई न रहा
राज्य-नगर-ग्राम-पुर
चौतरफा धीरे-धीरे हो गये
दंगल के अखाड़े
जरासन्ध के दाँव-पेंच सीखने लगी प्रजा
वही जियेगा जो
लड़े-पटके-भिड़े-पछाड़े।

जो दंगल की निंदा करता वह
राज्यद्रोही माना जाता
जो दाँव-पेंच नहीं जानता
उसे राज्य-नीति और राजा का विरोधी
मान लिया जाता
जो दंगल का विरोध करता
उसे अखाड़े में उतारा जाता
और उसे सत्ता के
मल्ल योद्धा रगड़कर पस्त करते फिर
लगवाते उससे दंगल के पक्ष में नारे

फिर उसे फाड़ देते
घोषित करके पराजित।

जो किसी तरह नहीं जुड़ता मल्ल युद्ध से
उसे किसी न किसी उपाय से फाड़ दिया जाता।
ऐसे फाड़कर किनारे लगाए
हुए लोगों की सिसकियों से युग रंजित था।

राज्य में अखाड़े ही हो गये धर्म-स्थान
मल्ल युद्ध ही हो गया था जीवन-मान।

जो फाड़ देने और
मिट्टी में मिला देने में जितना निपुण था
वह उतना अधिक सम्मानित था।

सारा मगध
दंगल की राजनीति का अखाड़ा हो गया था
जरासन्ध के समय में!

किसी भी विषय का आचार्य हो
वह मल्ल युद्ध विशारद होता था
संगीतज्ञ जानते थे जितना संगीत
उतना ही वे अखाड़े की नीति और
फाड़ देने की विद्या में भी निपुण थे
हर कलावंत मल्ल विद्या में विशारद होता था
यह युग की आवश्यकता थी।

वैद्य और गणितज्ञ
औषधि और गणित के सूत्रों से अधिक जानते थे
मिट्टी में मिला देने के दाँव

और इस पर वे गर्व करते थे।

गायक सुर में भले कच्चे हों किंतु वे किसी को
कमर तोड़कर
मारने और मिटा देने की सारी युक्तियों
में सिद्ध होते थे।

[पाँच]

जरासन्ध के प्रिय दामाद कंस के पास थे
अनेक मल्ल योद्धा
मागधी दाँव के कुशल थे वे
शौरसेनी पैंतरे के सिद्ध लड़ैये।

मथुरा में कंस का अखाड़ा
मृत्युदंड का स्थान था
जहाँ दिन-रात चलता था
अभ्यास नए पैंतरों और घाव-दाँव का!

जिसकी भी हत्या करनी हो
कंस उसका स्वागत
अखाड़े में करता
अपने मल्ल योद्धाओं के साथ!

कृष्ण और बलराम का स्वागत किया उसने
और मारा गया अपने अखाड़े में
अपने बेजोड़ पहलवानों के साथ!

अपने दामाद की हत्या से विकल हुआ कंस और
चढ़ आया मगध से मथुरा तक!

कृष्ण ने बंद करवाया वह अखाड़ा जरासन्ध का
ऐसा बताते हैं मगध के विज्ञ-वेत्ता!

[सात]

एक अखाड़ा रावण का भी था लंका में।

जहाँ सीताहरण के पहले और बाद में
रावण देखता था पहलवानों का दंगल
मंदोदरी के साथ बैठकर।

रात को दिन जैसा उजाला करके
बजते थे रणसिंघे
जिस रात के बीतने पर आरंभ हुआ युद्ध उस रात भी
रावण देखता रहा था अपने योद्धाओं के दाँव-पेंच

एक श्वेत छत्र के नीचे बैठा था वह
मंदोदरी के झुमकों का प्रकाश
दूर से झिलमिलाती
उल्काओं की भाँति दिखा राम को!

जिस दिन मारा गया मेघनाद
उस रात वह अखाड़े तक गया
किंतु बिना दंगल देखे लौट आया

बिना रावण के भी चलता रहा रात-भर दंगल!

अखाड़े आमंत्रित करते हैं
और शत्रु को मिट्टी में मिलाने की

एक निष्ठुर बेचैनी से भर देती है
अखाड़े की मिट्टी!

एक अखाड़ा जनक के दरबार में जुटता था
जहाँ तर्क में पराजित विद्वान
को डुबा दिया जाता था जल में
भरी सभा के बीच था एक जल-कुंड
जिसमें कितने ही विद्वानों को लेनी पड़ी जल-समाधि!

ज्ञान का अखाड़ा भी जय-पराजय के आगे
प्रतिपक्षी की हत्या के लिए प्रेरित करता है
यह बताते हैं जनक की सभा में
तर्क-पराजित मारे गए लोग!

[आठ]

अब जरासन्ध का वह कारागार
मिट्टी का ढूहा भर रह गया है
जरासन्ध के कारागार का
अवशेष भी नहीं मिलता
उसे किसानों ने अपने हल की लकीर से मिटा दिया
उसके और उसके मित्रों के अखाड़े भी खेत हो गए!

किंतु उसके
उसके दाँव-पेंच अभी भी बचे हैं
जरासन्ध अभी भी घूम रहा है
देश को अखाड़े में बदलता
मल्ल युद्ध की चुनौती देता
प्रतिपक्ष को फाड़ता नष्ट करता!

नगर के बाहर कूड़े पर डाल दिया!

फिर जरा नाम की कुल पूज्य देवी ने
उन दोनों टुकड़ों को जोड़ा तो जीवन हुआ एक
जरा द्वारा सन्ध करने से नाम पड़ा सम्राट का—
जरासन्ध!

उसी जरासन्ध की राजधानी में
राज करते थे बिम्बिसार
पाँच पर्वतों से घिरा एक नगर राजगृह
जहाँ पांडव पर्वत* पर
विहार के लिए अक्सर जाता था
सम्राट बिम्बिसार
अपनी बड़ी रानी कोसला के साथ!

रानियाँ और भी थीं उसकी कई
लेकिन मन मिलता था बड़ी रानी के साथ
जैसे सिद्धार्थ के विचारों से मन मिला था उसका!

बिम्बिसार समझता था रानी के मन को
और रानी कोसला उसके भाव जान लेती थी!

जब मित्र का पुत्र सिद्धार्थ संन्यासी हुआ तो
सम्राट बिम्बिसार ने भी
उसके पथ पर चलना स्वीकार किया
सिद्धार्थ के ज्ञान प्रकाश में बिम्बिसार ने
अपने पुराने धर्म को छोड़कर
बुद्ध का मार्ग चुन लिया

---

* पांडव पर्वत एक स्थान है राजगृह में।

परन्तु सम्राट बने रहे!

धर्म बदलने से सत्ता नहीं बदल जाती
वह वैसे ही बनी रहती है!

बौद्ध धर्म अपनाने के बाद
सम्राट बिम्बिसार
महारानी कोसला की जगह
शाक्य मुनि सिद्धार्थ के साथ
जाते पांडव पर्वत!

गौतम ने कभी धर्म का उपदेश नहीं दिया पिता के
मित्र सम्राट को।

सिद्धार्थ गौतम के पैरों में
कोई कंकड़ ना लगे इसके लिए
राजपथ सही करवाए सम्राट ने
कितनी बार गंगा पार कराने
पैदल-पैदल गए सम्राट बिम्बिसार उनके साथ!

छोटी नाव से कैसे जाएँगे गौतम पार
उन्हें बड़ी नाव से जाना चाहिए
इसके लिए दो नावों को जोड़कर
बनाई गई एक बड़ी नाव
कन्धे तक पानी में डूबकर विदा
किया कितनी बार
गौतम को बिम्बिसार ने
गंगा तट पर वह घाट कहीं बह गया!

महान पथ अक्सर खो जाते हैं

गौतम को दूर रखना आवश्यक लगा
नये ज्ञान के विरोधियों को!

छुरे बनाए गए
अस्त्र उपजाए गए
गया में
गिरिवज्र में
कुसुमपुर में!

[दो]

पथ-परिवर्तन से
मन परिवर्तित नहीं हुआ करता अक्सर
बिम्बिसार के साथ भी हुआ कुछ ऐसा ही
युद्ध से मोह न छूटा उनका
विजय की आकांक्षा न गई थी
हिंसा से मन विमुख न हुआ था
खड्ग रक्त से रंजित रहा सदैव

एक अमावस्या की रात्रि
जब उसने विदा किया गौतम को
उसके कुछ देर बाद उसने
दस गुप्तचरों को अपने खड्ग से मारा
उनके सिरहीन धड़ नगर-द्वार पर
और सिर को चौराहे पर लटकाने की आज्ञा देकर
बिना नहाए भोजन करने बैठा सम्राट!

अपनी रानी से गौतम को विदा करने
और गुप्तचरों की हत्या करने की बातें

एक साथ करता वह
आह्लादित था
एक सम्राट के लिए
उसके विरुद्ध चिन्तन करने वाले
चरों का पकड़ा जाना
अपने में एक उपलब्धि थी!
रानी कोसला ने उस पर गर्व किया
और बोली वह—
"सत्ता में बने रहने के लिए
शक्ति अपने हाथ में रखना अनिवार्य है
आपने विचार बदले हैं
सत्ता के सूत्र साधे रहिए"

सम्राट ने पायस का भोग लगाते
पट्टरानी की सीख को
स्नेह और राग से स्वीकार किया!

युग था ऐसा तब भी एक सम्राट के लिए
हिंसा एक ढाल थी
और क्रूरता एक सात्विक अस्त्र!

बलपूर्वक कर वसूलना
कर न चुकाने पर भारी दंड लगाना
मगध से बंग और कलिंग
जाने वाले पानी के जहाज़ों को
डुबा देना बिम्बिसार ने तब भी जारी रखा था
जब वह गौतम का
परम शुभेच्छु और अनुयायी हो गया था!

मगध सम्राट बिम्बिसार ने

"मैं अपने इसी मुख्य शयनकक्ष में सोता हूँ"

गौतम ने फिर पूछा एक किंचित उलझा प्रश्न—
"क्या आप अपने छत्तीस राजभवनों की
सभी कक्षों में
एक समय एक साथ शयन नहीं कर सकते?"

बिम्बिसार ने
कोई उत्तर दिया या नहीं
सम्राट के दरबारी लेखक
नहीं बताते इस पर कुछ भी
बन्दीजन मौन रहे
उनका कुछ लेखा जोखा नहीं बोलता
क्या बोला मगधराज बिम्बिसार ने
गौतम के इस अन्तिम प्रश्न पर!

बहुत देर तक मौन रहा सम्राट
समझकर मर्म गौतम के कथन का
वह आराम के लिए विदा कर
लौटा अपनी बड़ी रानी के पास
उसे यह समझाने कि नदी के तट पर
बनने वाले नये भवन का
निर्माण रोक दें क्या?
कितने तो भवन हैं
कितने में रह सकते हैं वे सब?

रानी कोसला ने
इसे अपना अनादर माना
और उदास हो गई
उसने बताया यह भवन वह

अपने बड़े पुत्र के
आमोद-प्रमोद के लिए सौंपने वाली थी!

रानी के स्नेहाग्रह पर
विगलित हुए सम्राट ने
अपने सैंतीसवें राजभवन का निर्माण
धूमधाम से जारी रखा
गंगा के तट पर
गंगा में बाढ़ आने पर भी
पानी बरसने और बिजली टूटने पर भी
निर्माण का काम चलता रहा!

गौतम कितनी बार आए राजभवन
कितनी बार छत्र चँवर लेकर
स्वागत के लिए गया बिम्बिसार
करबद्ध
नतशीश!

[तीन]

अजातशत्रु
ज्येष्ठ पुत्र मगध सम्राट बिम्बिसार का
मुख्य रानी से जन्मा युवराज
मगध के उसी आसन पर
बैठने का स्वप्न लिये बड़ा हुआ!

स्वप्न देर तक पूरे ना हों
तो व्याधि का रूप ले लेते हैं
अजातशत्रु युवक हो गया

किन्तु अभिषेक के जल से
आर्द्र नहीं हुआ था उसका मस्तक।

वह चाहता था
जयघोष हो उसके नाम का सम्राट के रूप में
उसे ना गौतम अच्छे लगते थे
ना उनके पथ के अनुयायी
सम्राट पिता ही!

गौतम के उपदेश उसे धूल से बनी
मिठाई की तरह लगते थे
बुद्ध का रास्ता अँधेरे वन का हिंस्र मार्ग था केवल।

कितनी बार अजातशत्रु ने चाहा
कहे पिता से सत्ता छोड़कर हो जाएँ संन्यासी
किन्तु मन से भीत वह कह नहीं पाया
और बिना सत्ता के रह भी नहीं पाया!

उसका अपना मंत्रिमंडल था
बिना अभिषिक्त हुए थी उसकी सत्ता
दरबारी विभक्त थे
अमात्य विभक्त थे
राजकुमार और सम्राट के बीच विभाजन ने
सबको सुविधा दे रखी थी
मत-स्वातंत्र्य की!

गौतम बुद्ध का चचेरा भाई
चाहता था वध करना बुद्ध का!
उसे बुद्ध का पद चाहिए था
उसे बुद्ध को मिलनेवाला सम्मान चाहिए था

उसे बुद्ध का गौरव चाहिए था।

बिना तप के वह हरण करके
हस्तगत करना चाहता था बुद्धत्व
वैसे ही जैसे अजातशत्रु
सम्राट का पद पा लेना चाहता था
बिना सम्राट का महत्त्व समझे!

उसे प्रतीक्षा में यक़ीन नहीं था
और देवदत्त को भी!

राजकुल में प्रतीक्षा ही तपस्या मानी जाती थी
जैसे राम ने दशरथ की वय-प्राप्ति की प्रतीक्षा की
राम जानते थे पिता दुर्बल और रुग्ण हैं
किन्तु उन्होंने स्वयं से अपने
अभिषेक की कल्पना भी नहीं की!

जब दशरथ ने वनवास की स्थिति बनने पर
राम से कहा
मुझे बन्दी बना लो और वन न जाओ
रुककर अयोध्या में
करवाओ अपना अभिषेक
राम ने पिता का मान रखा
गए वन
बिना अपने किसी दोष के
देश-निकाला किया सहन!

किन्तु मगध का
वह राजकुमार अजातशत्रु
राम नहीं था

देवदत्त के परामर्श ने उसे पिता और
गौतम दोनों की हत्या के लिए प्रेरित किया!

एक सन्ध्या जब बुद्ध को विदा करके
लौट रहे थे राजभवन
सम्राट बिम्बिसार
उनको शयनकक्ष के परिपथ से
मोड़ दिया सैनिकों ने कारागार के पथ पर
वीथिका में ही उतार लिया गया राजमुकुट
राज-वस्त्र परिवर्तित किया गया
कारागार पहुँचने के पहले
यही नियम था राजबन्दी के लिए!

बिम्बिसार
समझ गए पल-भर में
पुत्र की रुग्ण आकांक्षा ने
उसे पुत्र नहीं रहने दिया।
नहीं चाहते हुए भी वे
अपने मनोभाव संयत नहीं कर सके।
पुत्र से बोले—
"यह अच्छी परम्परा नहीं पुत्र।
जो पुत्र प्रतीक्षा नहीं कर सकता पिता
द्वारा वंशगत समृद्धियों के त्याग की
वह पुत्र भोगता है वैसे ही दुःख
वैसी ही पीड़ा
क्षोभ से संक्रमित रहता है जीवन उसका!"

किन्तु अजातशत्रु ने
अपने पिता और सम्राट के
किसी भी कथन पर

ध्यान नहीं दिया तो फिर बोले बिम्बिसार—
"जब बनोगे पिता
तब समझोगे
मेरे कथन और मेरे होने का मर्म
अभी तुम केवल पुत्र हो
आकांक्षी सत्ता के।"

बिना कोई उत्तर दिये
चला गया युवराज अजातशत्रु
अपना अभिषेक करवाने
सम्राट के पद पर।

माँ कोसला से भी
नहीं मिला और अपने भाई
कुमार अभय से भी नहीं।

वह अपने अभिषेक के लिए विकल था
देवदत्त के परामर्श से
उसी रात हुआ वह नया सम्राट मगध का!

उसके नाम की जयकार
पहुँची कारागार तक
बिम्बिसार को
पुत्र का सम्राट होना अच्छा लगा
किन्तु उसे आसन्दी पर बैठे
नहीं देख पाने की पीड़ा ने
उनको विलपने पर बाध्य किया!

[चार]

अभी देवदत्त के कथन पर
चलनेवाला अजातशत्रु
सम्राट है मगध का
देवदत्त की कूट योजना से
सत्ता मिली अजातशत्रु को।

अब देवदत्त को पाना था
बुद्ध का पद और
पराजयपूर्ण अन्त गौतम का
देखने को वह विगलित था!

सत्ताहीन राजा शव होता है वैभव का
अपने पुत्र द्वारा कारागार में डाले गए
बिम्बिसार का दुःख था
गौतम को न देख पाना
अपनी प्रिय महारानी कोसला से न मिल पाना!

इतिहास की बड़ी असफलताओं में
एक है गौतम द्वारा बिम्बिसार की मुक्ति का
कोई उपाय न करना
एक अनेक गवाक्षों वाले भवन में
खिड़की से देख लेते थे
कभी-कभी गौतम को बिम्बिसार
किन्तु गौतम कभी नहीं देख पाते थे
अपने अनुचर पूर्व सम्राट को!

अपने पुत्र को छोड़कर आए थे गौतम
अपने पिता को त्यागकर आए थे गौतम

क्या इस त्याग के बाद वे भूल गए थे
पिता की उपेक्षा से होने वाली
यातना होती है कैसी दुखदायी?

[पाँच]

रानी कोसला पति के क़ैद
किए जाने से दुःखी हुईं
वे चाहती थीं पति भी रहे
पुत्र भी रहे
किन्तु उपाय नहीं था उनके पास।

पुत्र अजातशत्रु ने उनकी एक न सुनी
पिता को मुक्त करके राज्य खोने का भय था
ऐसा समझाया उसे देवदत्त ने
या उसने स्वयं निकाले ये सब निष्कर्ष!

राजा बिम्बिसार बीमार रहने लगा कारागार में
रानी कोसला उसे औषधि देती रहीं
राजवैद्य जीवक से पूछकर!

[छह]

पिता मरते नहीं जब तक
तब तक सत्ता का पूरा वैभव
भोगने को नहीं मिलेगा
सोचता था अजातशत्रु
सोचता था मंत्रियों का समूह

मरना कैसे सम्भव हो सत्ता हीन बन्दी सम्राट
पिता हैं उपस्थित
यह एक बात उसे विकल किये रखती थी।

पिता की इच्छाएँ
पिता की शुभकामनाएँ
उसके लिए शाप की तरह हो गईं
और कठोर क़ैद।

[सात]

जो सैंतीसवाँ राजभवन बनवाया था बिम्बिसार ने
अपने पुत्र के लिए
उसे अजातशत्रु ने बना दिया अपने पिता के लिए कारागार।

हवा वाली खिड़कियाँ बन्द कर दी गईं
लेकिन एक खिड़की उस कठोर कारागार में ऐसी
अब भी खुलती थी
पीछे की पहाड़ी की ओर
बुद्ध आते थे वहाँ और खड़े होते थे
उस खिड़की के सामने

उनको देखते बिम्बिसार
और बन्धक बनाए गए सम्राट को देखते थे
बुद्ध।

बन्धक बिम्बिसार को देखते हुए
कई बार लगता था कि बुद्ध भी क़ैद हैं सम्राट
अजातशत्रु की किसी राजाज्ञा से।

यदि बुद्ध क़ैद नहीं थे तो उन्होंने कभी भी
क्यों नहीं कहा अजातशत्रु से कि वह
पूर्व सम्राट को बन्धन-मुक्त करे
पिता को बन्धन-मुक्त करे

किन्तु ऐसा कुछ नहीं कहा बुद्ध ने
वे धूप में खड़े रहते थे
कि देख ले उनको कारागार में से बिम्बिसार
और वे बिम्बिसार को।

अजातशत्रु को समझाया
देवदत्त ने कि बुद्ध के निरन्तर दर्शन से
मरते नहीं पुराने सम्राट

इस दर्शन से पा जाते हैं वे जीवन की शक्ति।

अजातशत्रु ने बिना देर लगाए बन्द करवाई
वह दर्शन देने वाली अंतिम खिड़की
बिम्बिसार घिर गए पूरे अँधेरे में।

[आठ]

देवदत्त ने हार नहीं मानी बुद्ध का पद पाने के लिए
यत्न करता रहा
एक चौमासे में
जब बुद्ध उतरवा रहे थे अपने शीश के बाल
एक बने हुए नव बौद्ध ने
उनको घायल करके मारना चाहा
किन्तु वह उनको मारने में सफल नहीं हुआ।

कोलाहल और हाहाकार के मध्य
अहिंसक बौद्धों ने बन्धक बनाया
उस नापित को और उसे मृत्युदंड दिया
गया चोर प्रपात से गिराकर।

बुद्ध ने कुछ दिनों के लिए त्याग दिया
मगध और राजगृह को
बिम्बिसार ने प्रतीक्षा करना छोड़ दिया
उसी दिन जिस दिन बन्द हुई अन्तिम खिड़की।

[नौ]

उसी चौमासे में
अजातशत्रु पिता बना।

उसे सूचना मिली जब कि वह बना है पहले पुत्र का पिता
तो उसे अपने पिता बिम्बिसार का स्मरण हुआ
उसके मन में उमड़े अपने अनदेखे पुत्र के लिए स्नेह ने
उसे समझ आया कि पिता बिम्बिसार उसे कितना चाहते होंगे।

अपने पुत्र को देखने जाने की जगह वह दौड़ा उस कारागार की
ओर जिसमें क़ैद था बिम्बिसार।

[दस]

एक नापित असफल हुआ बुद्ध की हत्या में
किन्तु एक दूसरा नापित नियुक्त किया अजातशत्रु ने
बिम्बिसार के सभी नाख़ूनों में घाव करने के लिए।

व्यक्ति को मारने का यह उपाय बताया राजवैद्य जीवक ने
जीवक से ही मिला वह रसायन जो नाख़ून काटने के नाम पर
बनाए घावों को जल्दी सड़ने में कारगर था।

बिम्बिसार समझता था
कौन करवा रहा है उसकी सारी अँगुलियों में घाव
वह लेप कौन पहुँचा रहा है
नापित तक।

उसे सम्राट अजातशत्रु से कोई आशा नहीं थी
किन्तु वह जानता था कि पुत्र
कभी समझेगा पिता को।

उसे अजातशत्रु पर अभी भी उमड़ता था स्नेह
जब रानी कोसला उसके पास
अपने जूड़े में छिपाकर लाती थी
कुछ भोजन प्रिय
बिम्बिसार उससे पूछता राज्य का हाल
पुत्र की कुशलता की कामना में
वह मृत्यु की प्रतीक्षा से अधिक
पौत्र जन्म की प्रतीक्षा करता था।

फिर अजातशत्रु को समझाया देवदत्त ने
राजमाता को मिलने से रोको
उनके स्नेह से मिलती है संजीवनी पुराने सम्राट को

अजातशत्रु ने माँ को कारागार जाने से रोक दिया।
कोसला ने अजातशत्रु का कहना माना और
उस दिशा में जाना-सोचना बन्द कर दिया।

घाव भरने की जब कोई स्थिति नहीं रह गई
तो केश उतारने के नाम पर
किये नापित ने शीश पर तरह-तरह के घाव
और लगाये वही रसायन
जिससे घाव सड़ते थे शीघ्र।

नाई नये सम्राट के आदेश पर
पुराने सम्राट को
घाव देता रहा
करता रहा सम्राट के कहने पर
सड़ाने वाले रसायन का लेप निरन्तर।

[ग्यारह]

जब नया-नया पिता बना
अजातशत्रु भागता-दौड़ता पहुँचा कारागार
यह कहता जाता था वह
पिता को मुक्त करो
बन्धन-मुक्त करो सम्राट पिता को।

हर द्वार खोलते गए काराधीश
हर बन्धन खोलते गए
अनुचर सैनिक
किन्तु घावों से भरा
अन्नहीन
प्रकाशहीन
बिम्बिसार कुछ पहले ही जीवनहीन हो चुका था।

जब अजातशत्रु पहुँचा बिम्बिसार के उस

कक्ष में
जहाँ अभी शव था
सम्राट का
वह सड़े शरीर को
अपने वक्ष से लगाकर रोया बहुत देर तक
बहुत देर तक रहा वहाँ पिता के शव के साथ।

काराधीश ने देखा अजातशत्रु को बिललाते
लेकिन उससे दृष्टि नहीं मिला पाया सम्राट
केवल रोता रहा।

[बारह]

सम्राट के मरण की सूचना पाकर
सोचते रहे बुद्ध

वे लौटे
वे गए उस कारागार तक
वहाँ अभी भी बन्द थीं खिड़कियाँ
वहाँ सम्राट के रुदन की ध्वनियाँ उन्होंने गूँजती पाईं
उसी कारागार में अजातशत्रु ने कहा
मुझे संघ की शरण में आना है
मुझे बुद्ध की शरण में आना है
मुझे धम्म की शरण में आना है।

बुद्ध ने नये सम्राट को
संघ की शरण में आने दिया
बुद्ध ने नये सम्राट को संघ की शरण में आने दिया
बुद्ध ने नये सम्राट को धम्म की शरण में आने दिया।

[तेरह]

क्या भूल गए बुद्ध बिम्बिसार को?
क्या मगध भूल गया पिता की इस क़ैद को
क्या कोसला भूल गई अपने मारे गए पति को
क्या वह नापित भूल गया
अजातशत्रु के आदेश को
क्या काराधीश भूल गया
अन्तिम खिड़की बन्द करने की आज्ञा को।

[चौदह]

कुछ समय व्यतीत हुआ
अब अजातशत्रु के पास कोई देवदत्त नहीं
अब अजातशत्रु को सम्राट का गौरव प्राप्त है
किन्तु उसका ज्येष्ठ पुत्र
सोचता है दिन-रात
कैसे करे अन्त
अपने पिता का।

बिम्बिसार ने कहा था
एक ऐसा आरम्भ किया है तुमने
जिसका अन्त कोई पुत्र ही करेगा
पिता को जीवन देकर जो गद्‌दी पर बैठे
जो स्नेह से देख पाएगा
वह रोक पाएगा सत्ता के लिए पिता के वध के
इस क्रम को।

और हुआ वही जिसका भय था बिम्बिसार को

अजातशत्रु को मारा उसके पुत्र उदय ने
उदय को मारा उसके पुत्र महादण्ड ने।

पिता पूर्वजों परिजनों की हत्या करके
सत्ता पाने का क्रम
चलता रहा
कई पीढ़ियों तक मगध में।

कई पीढ़ियों तक हर पिता डरा हुआ बैठता था
मगध के सिंहासन पर
माएँ रोती रहीं
किन्तु रक्षा नहीं कर पाईं
अपने सम्राट पतियों की।

कोई देवदत्त
आता था जो बुद्ध की अहिंसा
को हिंसा में परिवर्तित कर जाता था

सम्राट पहुँचते रहे
खिड़की-विहीन कारागार में
और सत्ता के अनुचर नापित
घाव बनाने में होते गए
परम् कुशल।

सम्राट अशोक का नरक!

[एक]

बार-बार मैं मगध पहुँच जाता हूँ।

कभी जरासन्ध के अखाड़े में
कभी बिम्बिसार के कारागार में
कभी जीवक के अमृत उद्यान में
कभी सम्राट अशोक के नरक में।

लोग भले चुप रह जाएँ
इतिहास कहता रहता है
इतिहास कहता है कि पृथ्वी पर
किसी द्वारा बनवाए नरक का विचार
पहली बार मगध में सम्भव हुआ

अशोक के आत्मसन्तोष देने वाले कृत्यों
को नियम की संहिता में लिखवाया
उसके परम् प्रिय मंत्री राध गुप्त ने
बनवाया नरक।

अब पाटलिपुत्र और मगध में

सम्राट की इच्छा से प्रदान किया जा सकता था
विधिवत नरक।

जिसे मारना चाहता था सम्राट स्वयं
उस़े मनचाही यातना देने के लिए
अशोक के निर्देश पर
भेजा जाता था
उसके बनवाए नरक में।

यह एक सुव्यवस्थित सज्जित यंत्रणा-शिविर था
मगध की राजधानी पाटलिपुत्र में।

[दो]

सम्राट अशोक ने छोड़ दी हिंसा
सम्राट अशोक ने त्याग दिया अस्त्र
युद्ध-भूमि से लौट आया
राजभवन और देने लगा अहिंसा का उपदेश।

लेकिन वह मिटा नहीं पाया
अपने राजभवन में बने यंत्रणा-शिविर को
उसे वह स्वयं कहता रहा नरक।

वह जिनसे करता था घृणा उनको भेजता था नरक
अशोक के नरक में भेजा गया व्यक्ति
कभी नहीं लौटता था बाहर जीवित।

लौटा तो छोटे भाई सुमन का पुत्र निग्रोध
नरक से निकलकर निग्रोध ने ले लिया संन्यास

कहते हैं उसी निग्रोध ने अशोक को पराजित किया
स्वयं को अशोक के नरक से जीवित निकालकर
उसने पराजित किया अशोक को।

अशोक के उस नरक में यातना देने के अनेक उपाय थे
और चीखने देने की पूरी स्वतंत्रता थी।

बन्दी व्यक्ति जितना चाहे रो सकता था
या नहीं भी रो सकता था
लेकिन शिविर के संचालक चाहते थे कि
मार खा रहा व्यक्ति रोए
जिससे वे अनुमान लगे सकें कि
यंत्रणा का कार्य चल रहा है कुशलता से।

अशोक भी जाता था अपने बनाये नरक में
अशोक स्वयं देखता था
अपने अप्रिय लोगों को भुगतते हुए नरक।

जो नरक में मारे जाते
अशोक उनके लिए रखता राजकीय शोक
उसने किसी हत्या पर ख़ुशी नहीं प्रकट की
वह कहता रहा कि राज्य के लिए
यह सब एक आवश्यक कार्य है
नरक पर टिका है उसका साम्राज्य।

[तीन]

वे स्त्रियाँ अशोक को पसन्द नहीं करती थीं
वे एक दिन अशोक की कुरूपता पर हँसीं

अशोक ने उनको जीवित जलवा दिया।

वे संख्या में पाँच थीं या पाँच सौ
किन्तु वे जलाई गईं
लकड़ी से बने राजभवन में लकड़ी के
द्वार बन्द करके।

सुनने वालों ने सुना
जैसे हज़ारों स्त्रियाँ रोते-रोते जला दी गईं

क्या अकेले रो रही स्त्री अकेले रो रही होती है
क्या एक स्त्री के रोने में शामिल नहीं होता
हज़ारों स्त्रियों और पुरुषों का शोक।

फिर ऐसा अक्सर होने लगा
पाटलिपुत्र में जलते रहे
राजभवन के भिन्न-भिन्न हिस्से
अशोक स्वयं को शोकहीन करने के लिए
बहु विधि समाप्त करता रहा उनको
जिनसे उसको कोई भी असुविधा थी।

अक्सर वह स्वयं लगाता आग
अक्सर वह स्वयं उखाड़ता नाख़ून और उन पर लगाता
क्षार-द्रव
अक्सर वह स्वयं काटता शीश
और धड़ को छोड़ देता उसी स्थान पर महीनों।

फिर राध गुप्त ने अशोक को सुझाव दिया
आपकी हर इच्छा पूरी करेगा राज्य
आप सम्राट हैं

आप क्यों करते हैं इतना श्रम
आप बनवाएँ एक नरक।

अशोक को भव्यता प्रिय थी
वह सारे कार्य बड़े-बड़े वैभव वाले करता था
उसने कहा कि एक भव्य नरक बनाया जाए।

फिर उसने बनवाया एक नरक
अपनी राजधानी में।

[चार]

अशोक ने सब कुछ छोड़ा किन्तु सत्ता नहीं छोड़ी
चीख़-चीत्कार के बीच रहा तो भी सत्ता में रहा
बौद्ध रहा तो मंत्रों में घिरा सत्ता में रहा

उसे हर स्थिति में प्रिय थी सत्ता
चाहे बनाना पड़े उसके लिए नरक
या बौद्ध विहार
सम्राट को था सत्ता से प्यार।

[पाँच]

क्या राध गुप्त द्वारा कराई हत्याएँ
अशोक द्वारा कराई गई हत्याएँ नहीं मानी जाएँगी?

क्या राज्य में की गई कोई हत्या
राजा द्वारा की गई हत्या नहीं है

पाटिलपुत्र में कोई प्रश्न पूछता तो भेजा जाता
नरक
लेकिन एक अद्‌भुत बात हुई
लोग नरक जाते थे
लेकिन बोलते थे कि अशोक कर रहा है ग़लत
और लोगों का यही बोलना अशोक की विफलता थी।

उस बालक निग्रोध ने भी कहा अशोक से
आप नरक बनवाकर भी मुझे नहीं मार पाए
आप के नरक के अस्तित्व से करता हूँ इंकार

अशोक समझ नहीं पाया कि अब
राजधानी और राज्य को नरक बनवाने के आगे
वह क्या करे?

कैसे भय से भरे प्रजा का मन
कैसे समझाए कि वह है सर्वोत्तम

कोई न कोई निग्रोध आ जाता था
हर अशोक के मार्ग में
यह कहने कि उनकी सत्ता व्यर्थ है
जीवन और स्वतंत्रता का और बड़ा अर्थ है।

अशोक शोक से भरा रहा
अपने बनवाए नरक में सबसे अधिक बन्धक रहा अशोक स्वयं
कोई भी सम्राट
प्रजा के दुख का पाता है हिस्सा
भले ही न दिखे वह रोते
लेकिन वह जागरण से अधिक रोता है
जागते-सोते।

[छह]

अशोक हत्या न करता तो हो जाती उसकी हत्या।
अशोक दूसरों के लिए नरक न बनाता तो
बनाया जाता अशोक के लिए नरक

लोग बताते हैं कि नरक बनाने के पहले
अशोक का जीवन नरक था।

पिता ने उसे कभी छुआ नहीं
वह पिता जो सम्राट था
बिन्दुसार
वह अपने पुत्र को देखने से बचता रहा।

जन्म के समय हुए अपशगुन
उसे जीवन-भर भय से ग्रस्त किये रहे
कि यदि वह अपने पुत्र को प्यार करेगा
सत्ता खो देगा और मारा जाएगा।

ऐसे में अशोक जीवन-भर वंचित रहा पिता के स्नेह से
स्नेहहीन उसका जीवन एक अपार नरक था
जिसे पार करने के लिए उसने बनाया
एक और नरक
और साम्राज्य की जगह एक नरक संचालित करता रहा वह
जीवन के अन्त तक लगभग।

सम्राट से अधिक वह एक नरक का निर्माता था
सत्यमेव जयते की घोषणा करता हुआ
नरक-नियंता सम्राट।

व्यास का कथन धृतराष्ट्र से!

एक रात्रि व्यास ने कहा धृतराष्ट्र से—
हे भारत! मैं देखता हूँ कि
उदय और अस्त के समय
सूर्य को सिरहीन शव घेरे रहते हैं।

इतने कबन्ध कहाँ से आ जाते हैं सूर्य को घेरने
अकस्मात!
भारत, सोचना चाहिए तुमको!

तुम सम्राट हो!
विधिसम्मत सम्राट का कर्तव्य ही है
चिन्तन अनु चिन्तन
मनन सतत मनन!

क्या अपने कर्तव्य तुमको ध्यान नहीं?
क्या अपने सम्राट होने का बोध तुम भूल गए हो?

क्या मंत्री परिषद तुमको बताता नहीं कि
सबेरे और सन्ध्या के बीच में
काले काले और किनारों पर
सफेद लाल मंडल सूर्य को घेरे रहते हैं।

तुम्हारे राज्य का सूर्य जैसे बन्धन में हो सिरहीन शवों के
अविराम!
वह सूर्य बन्धन में ही उगता है और
बन्धन में ही पड़े-पड़े डूब जाता है!

उस पर भी उसके आसपास
अकाल बिजली चमक जाती है।

सूर्य, चन्द्र और नक्षत्र
दिन रात प्रज्ज्वलित रहते हैं।

तुमको बताया नहीं देखने वालों ने
या तुमने सुनकर भी किया अनसुना
बताओ?

प्रजा को अब तुम्हारे राज्य में
दिन और रात में अन्तर नहीं दिखता।
भोर के आकाश में
असंख्य टिड्डियाँ दीख पड़ती हैं!
वे आकाश को मथ देती हैं!

नदियों का पानी लाल हो रहा है
सब नदियाँ उल्टी बहने लगी हैं
सूखे कुओं में फेन उतरा रहा है
उनका जल हवा में ऐसे उछलता है
जैसे बैल कूद रहे हों
लहूलुहान वृष!
संड वृष!

इन्द्र के वज्र समान प्रभा वाले तारे

घोर शब्द करके टूट-टूट कर गिर रहे हैं
राख होकर झर रहे हैं!
राज्य में सर्वत्र
मेघहीन आकाश से झरती रहती है गर्म राख
कहीं तप्त बालुका
कहीं मांस-पिंड बरसते हैं निर्बाध!

क्या तुमसे कभी किसी सचिव ने नहीं कहा कि
प्रजा नहीं जानती अब दया शब्द का मर्म
क्या तुम्हारे पुराने सचिव कुणिक
तुमसे तुम्हारी मंशा नहीं पूछते
और रहते हैं मौन!

क्या तुम कभी छूकर नहीं देखते कि कैसे
फीकी पड़ गई हैं तुम्हारे मुकुट की मणियाँ
और ऊँचाई पर ले जाने वाली सीढ़ियों पर पीपे-भरे हैं
और तुम्हारे राजभवन के शिखरों पर
फहराते ध्वज से टपकता है रक्त!

तुम्हारे स्वर्णरथ और राज्य-ध्वज
तिरोहित हो रहे हैं उस रक्त में!

रात-दिन भूकम्प होता है और चारों
महासागर बढ़कर
अपनी हदें छोड़े हुए उमड़ रहे हैं!
जैसे पृथ्वी को डुबो देंगे
कभी भी।

गंगा हड्डियों का जलसाघर है
यमुना में शोक प्रवाहित है

उसके रुदन की कथा नहीं पहुँचती क्या तुम तक!

आँधी वृक्षों को तोड़ती हुई
और कंकड़ बरसाती हुई जोरों से चल रही है
वज्रपात से टूट-टूटकर वृक्ष
देव मन्दिरों गाँवों और नगरों में गिर रहे हैं।
बिना धुएँ वाली अग्निशिखा निकलती है और
शिशुओं के स्वप्न को स्वाहा करती
खिलखिलाती है
युवक चीरहरण को धर्म मानकर
द्यूत क्रीड़ा को राष्ट्रीय कर्तव्य मानकर
लगाते रहते हैं दाँव
क्या राजधानी क्या गाँव!

राजपथ के चतुष्कोणों पर!
स्पर्श, गंध और रस आदि में
विपरीत भाव पैदा हो गए हैं!

हे भारत! तुम देख नहीं सकते
किन्तु मैं देख रहा हूँ
मेरे साथ अनेक और लोग देख रहे हैं
लेकिन वे किसी कारण मौन हैं
क्या तुम्हारे राज्य में जो मौन हैं
क्या तुम जानते हो वे कौन हैं?

हे भारत! तुम तुम सुन सकते हो तो
सोच भी सकते हो!
हे भारत, चिन्तन नहीं कर सकते तो
राज्य को छोड़ दो!

हे भारत! यही सोचने का समय है!
तुम सोच तो सकते हो!

यदि तुम सुन सकते हो तो उत्तर दो
यही कहो कि तुमने मुझे सुना!
ओह! यदि तुमने सुना होता
तो मुझे पहले वाक्य के पश्चात
एक और वाक्य मुझे बोलना न पड़ता!
हे भारत!
यह कबन्ध है दुर्योधन का
तुम्हारे अन्य पुत्रों का
प्रजा का
सूत-पुत्रों का!

ओह! विक्षिप्त मैं बोलता जा रहा हूँ!
यह भूलकर कि
कौन आत्मलीन सम्राट सुनता है
व्यास भीष्म द्रोण कृप कृष्ण विदुर के वचन
उसके निकट फलते-फूलते हैं
भावी कबन्ध शकुनि कर्ण दुर्योधन दुःशासन!

श्रीकृष्ण की अन्त्येष्ठि

[एक]

अभी-अभी ही
आकर लगा है एक तीक्ष्ण बाण
पेड़ के नीचे
पराजित बैठे एक निस्तेज वृद्ध
के तलवे में!

यह वृद्ध हैं
श्रीकृष्ण
स्थान है निर्जन वन
प्रभासतीर्थ के निकट!
समुद्र का विलाप सुनाई देता है
रह-रह कर।

चिहुँककर रह गए श्रीकृष्ण!

पीड़ा को सहने के अतिरिक्त कोई दूसरा उपाय न था
वे अपने ही तलवे में धँसे बाण को देखते हैं
सोचते भी नहीं कि जब जीवन के
सारे युद्ध समाप्त कर आया तो

किसने मारा मुझे यह बाण छिपकर?

जय को ही जीवन-धर्म मानने वाले श्रीकृष्ण ने
तोड़े सारे नियम
युद्ध के
जीवन के भी
किसी ने उनको नियम तोड़कर
ऐसे मारा!

यह कैसा न्याय
यह कैसी धर्म-स्थापना?

क्या सारी घोषणाएँ
सारी धर्म-स्थापनाएँ मात्र सूचनाएँ रह गईं
श्रीकृष्ण की
और उनके जीवन का महाअभियान रह गया
अधूरा और व्यर्थ भी!

पैर से बह रहा है रक्त
देख रहे श्रीकृष्ण सोचते हैं
देखते हैं फिर-फिर
अपने उस पैर को जिसमें
धँसा है एक तीक्ष्ण बाण।

[दो]

यह कैसा सूना-सा दिन
इसमें कितने अकेले हैं वे
असंख्य वक्षों में बिंधे-धँसे बाण

स्मरण हो आते हैं
उनको!

देवकी की कोख से जन्मे
वे वसुदेव के पुत्र अपने वंश का उच्छेद करके स्वयं
आए कुछ देर पहले ही यहाँ
और अभी ही उनके पैरों में
आ धँसा यह बाण।

अभी उनकी पत्नियाँ द्वारका में
उनकी इस दशा से अनभिज्ञ
प्रतीक्षा कर रही हैं
आएँगे उनके केशव
माँ देवकी भी
प्रतीक्षा में हैं।

पिता वसुदेव को अब प्रतीक्षा नहीं पुत्र के आने की
उनको प्रतीक्षा है भांजे अर्जुन की।

अर्जुन वसुदेव की बहन कुन्ती का पुत्र है
चौथा पुत्र
अब कर्ण सूतपुत्र नहीं रहा
उसे अब तक ज्येष्ठ पाण्डव मान लिया गया है।

युद्ध बीत जाने पर
सत्ता पा जाने पर
खोई हुई पहचान कर्ण की उजागर हुई
यह किया स्वयं कुंती ने।

अर्जुन को बुलाने के लिए घायल होने के पहले ही

श्रीकृष्ण ने भेज दिया था सन्देश।

वसुदेव को प्रतीक्षा है अर्जुन की
वे आँखें झुकाए
अपने वंश-अवशेष को देखते हैं
रुलाई रोकते हुए
छुपाते हैं अश्रु
अपनी भारी पगड़ी की परछाईं
से पोंछते हैं
दुष्काल-आच्छादित मुख।

कृष्ण की वेदना से अनजान हैं वसुदेव
द्वारका के वर्धमान द्वार की ओर
देखते हैं बार-बार विकल।

[तीन]

वन में व्यग्र-व्यथित श्रीकृष्ण देखते हैं उधर
जिधर से आया यह बाण
धूल से भरी दिशा वह दक्षिण की
दक्षिण मानी गई है यम की दिशा
उधर से आता है वधिक दौड़ता
श्रीकृष्ण की ओर!

मैला-सा धनुष और टूटा-सा जीर्ण तूणीर लिये
दौड़ता हड़बड़ाया हुआ
सोचता कि भाग न जाए घायल मृग
जिसे मारा है उसने लक्ष्य करके!

पास आ खड़ा हुआ वधिक
वह पूछता उनसे किन्तु
उसने देखा अपने पहचाने बाण को धँसा था जो
श्रीकृष्ण के तलवे में।

मृग की जगह उसके सामने
एक काकपक्षीय बालों वाला
सलोना-सा धूल से ढँका
जर्जर वृद्ध पड़ा है!

उसके तलुए में तीक्ष्ण बाण धँसा पड़ा है
रक्त निथर रहा है निरन्तर।

उस प्रौढ़ वधिक को अपने बाण-सन्धान पर
संशय नहीं हुआ था अब तक
किन्तु जीवन के ओर-छोर में
अपने ऊपर संशय और प्रश्न करने से
कौन बचा है?

कौन हुआ है ऐसा जिसको
कभी नहीं घेरा हो पछतावे ने?
कौन हुआ ऐसा जिसे
नहीं घेरा छलावे ने?

एक व्यक्ति का अहेर करने से ही नहीं
एक पशु के अलभ्य हो जाने ने
उस अहेरी को भर दिया विषाद से!

भर आया निर्विकार मन उसका उद्वेग से
उस अनाम वधिक का

उसके हाथों मारा गया था यह कोई पहला मनुष्य।

अहेरी था वह सैनिक-राजपुरुष योद्धा नहीं
मनुष्यहंता नहीं।

न राज्य पाने की योजना में
न धन-हरण के उद्देश्य से
उसने तो पेट-पूर्ति के लिए चलाया था बाण
लेने के लिए एक पशु के प्राण।

लक्ष्य-सन्धान व्यर्थ हुआ
एक बाण व्यर्थ हुआ
मनुष्य के रक्त से स्पर्श हुआ बाण नहीं रखते
आखेटक अपने तूणीर में! यही परिपाटी है।

सोचता बुदबुदाता वह देखता रहा श्रीकृष्ण को
सोचता रहा घायल उस व्यक्ति के बारे में
व्यक्ति वह जो श्रीकृष्ण हैं!

उसने नहीं पहचाना इस घायल को
जिसे लगा था उसका बाण
छटपटा रहा था वह व्यक्ति नये-नये घाव से
बहता था रक्त
वेदना से सजल हो रही थीं आँखें
निकलने को व्याकुल थे प्राण!

श्रीकृष्ण ने देखा उस आखेटक को
आखेटक ने उनको
वह विचलित था
अपराध हुआ था उससे

दृष्टि का दोष उस अहेरी-कुल में निषिद्ध था!

स्मरण हो आया
उस अहेरी को भी और श्रीकृष्ण को भी
अयोध्या के राजा दशरथ का
अन्धे तपस्वियों के
अकेले पुत्र श्रवण कुमार को मारा था उन्होंने
पाया था अभिशाप
पुत्र वियोग में मरण का।

भयभीत हुआ अहेरी
शाप न दे दे यह घायल पुरुष-जर्जर
देखा उसने चरण-तल में धँसे बाण को
देखा उसने सूनी आँखों में भरी व्यथा को
श्रीकृष्ण देखते रहे उसे।

बिना बोले करबद्ध हुआ वह वधिक
जैसे माँग रहा हो क्षमा!

सोचते रहे श्रीकृष्ण
कैसे आखेटक ने मुझे मृग समझा
क्या उसे समझ न आया मृग और मनुष्य में अन्तर
न कर पाया वह
मारा मुझे पशु मानकर, मैं तो मनुष्य हूँ।

अकेला नतशीश और शापित मनुष्य
क्या हो जाता है पशु-सा
वध्य और अहेर योग्य पशु!

सोचते-सोचते श्रीकृष्ण ने उस वधिक को देखा फिर

वधिक ने भी देखा होगा उनको कुछ सोचते हुए ही

लक्ष्य चूकने से नहीं
लक्ष्य ठीक से लगने से मारे जा रहे हैं श्रीकृष्ण!

[चार]

श्रीकृष्ण कभी नहीं गए शिकार करने
वे तो गोपाल थे
वे पशु-वध में सम्मिलित नहीं हुए कभी
किन्तु इससे क्या
अहेर तो किसी का भी किया जा सकता है!
खाण्डव वन में कितने मृग-पक्षी-सर्प
जलाये थे अर्जुन के साथ यमुना तट पर।

स्मरण किया निज कर्म
श्रीकृष्ण ने उस अहेरी को मौन रहकर क्षमा किया
विकल अहेरी ने उस चरण-तल में धँसे अपने बाण को
और
अपने द्वारा घायल व्यक्ति को
किया प्रणाम
व्यथा से भरकर लौट गया
दक्षिण की ओर
दक्षिण की दिशा में था
वधिकों का गाँव।
दक्षिण यम की दिशा है!

[पाँच]

प्रश्न अनेक हैं
श्रीकृष्ण ने उस अहेरी से
अपने ऊपर बाण चलाने पर
कोई प्रश्न क्यों नहीं किया?
क्या वे जीवन से मुक्ति के लिए प्रस्तुत थे?
क्या वे मरण के लिए प्रतीक्षा कर रहे थे वहाँ
पशु की तरह बैठकर भूमि पर?

खोजने पर भी अहेरी न मिला कभी किसी को
मिले नहीं श्रीकृष्ण भी
अपनी दशा बताने
अपनी व्यथा जताने
वे श्रीकृष्ण जो स्वयं को धनुर्धारी श्रीराम जैसा
मानते थे
वे जानते थे शरीर में धँसे बाणों को निकालना
फिर भी उन्होंने स्वयं को
मुक्त क्यों नहीं किया? उस वधिक बाण से।

एक बाण निकालकर वे जी सकते थे जीवन
धर्म की स्थापना का कर्म अभी
कहाँ हुआ था पूर्ण
उनका!

प्रश्न यह भी है
बाण यदि मात्र एक पैर में लगा था
तो उपचार क्यों नहीं हुआ श्रीकृष्ण का
बाण क्यों नहीं निकालने को कहा
श्रीकृष्ण ने अहेरी से?

उन्होंने उस अहेरी को शाप क्यों नहीं दिया
लांछित क्यों नहीं किया?

क्या पूर्ण हो गई थी उनकी जीने की इच्छा?

क्या किसी को कर्मयोग का
गीता-उपदेश देने को
उत्कंठित नहीं रह गया था मन उनका
क्या सारे कुरुक्षेत्र हो गए थे सम्पन्न
क्या स्थापित हो गया था धर्म
क्या अधर्म का हो गया था पूर्ण नाश?

अनेक प्रश्न हैं श्रीकृष्ण के मरण पर
या होना था वह सब कुछ इनके साथ भी
जो जो जैसे जैसे दुर्योधन के साथ हुआ था
जिसके सूत्रधार थे स्वयं यही शापित श्रीकृष्ण!

[छह]

अहेरी लौट गया था
सूर्य भी धीरे-धीरे
डूब गया
एक दिन द्वापर का अस्त हुआ
यह अन्तिम दिन है
श्रीकृष्ण के जीवन का
अन्तिम रात होगी।

धीरे-धीरे धरती को घेरा अँधियारे ने
धीरे-धीरे खो गईं दिशाएँ

धीरे-धीरे घिर गए श्रीकृष्ण तम-श्याम में।

अब प्रत्येक दिशा मृत्यु की थी
अन्धकार से कठिन कोई आवरण नहीं होता?

अब बधिक के बाण से बिंधे
श्रीकृष्ण वन में पड़े हैं!

रक्त अभी भी निथर रहा है
श्रीकृष्ण अपने घाव को नहीं देखते अब
अँधियारे में न घाव दिखता है न रक्त
न बाण

कुछ भी दिखता नहीं है
तो इसका अर्थ यह नहीं कि वह है नहीं!

श्रीकृष्ण अभी भी हैं
उनके पैर में एक बाण धँसा है
रक्त अभी भी निकल रहा है
जैसे अँधियारा गहन गगन विवर से
निथरे धीरे-धीरे।

धीरे-धीरे मरण-पूर्व स्मृतियाँ जागीं
स्मरण आए शत्रु-मित्र सम्बन्धी-स्वजन
स्मरण आते रहे गोप-ग्वाले
यदुकुल भूषण बहुसंख्य रतन।

सोचते रहे पिता को माता को
सोचते रहे कोख कुल जाये
अग्रज-अनुज बन्धु भ्राता को

सोचते-सोचते
ध्यान में आई रुक्मिणी
किन्तु गांधारी के शब्दों ने ध्यान से विलग किया
रुक्मिणी को!

'मरोगे तुम भी वैसे ही जैसे
मेरा पुत्र सुयोधन मारा गया है
अकेले और छल-प्रहार से'
शाप के शब्द गूँजते रहे गांधारी के
कृष्ण के मुख पर विषाद की जगह संतोष झलका
गांधारी का शाप सत्य हुआ
हो अवसान मेरा भले ही ऐसे अपमानजनक
किन्तु वचन वृथा न हो पाए किसी का।

रोती हुई गांधारी का उदार मुख
स्मरण में आया बार-बार
जैसे हुआ मेरे कुल का उच्छेद वैसे ही हो
तुम्हारे कुल का संहार।

जितना घिरे थे श्रीकृष्ण अँधियारे से वन में
उससे अधिक घिरे थे गांधारी के
रुदन-चीत्कार-क्रंदन में।

[सात]

गांधारी की रुलाई और क्रंदन में भरा था
न जाने कितने लोगों,
पशुओं, जीवों का रुदन!
खांडवप्रस्थ में जब अर्जुन और

श्रीकृष्ण जला रहे थे वन तब
वहाँ किसको जानते थे श्रीकृष्ण और अर्जुन?

राज्य और भूमि जीतने के लिए
मायामहल बनाने के लिए
दख़ल करना था वन को
वन जिस पर कभी कुरुओं का अधिकार था!

किन्तु कुरुओं के अधिकार में वे संलग्न हुए ऐसे जैसे
उनका स्वकुल हो वह!

पूर्वजों का अधिकार क्यों छोड़ना
भले उजाड़ना पड़े अनेक समाजों को
जलाना पड़े जंगल!
खदेड़ना पड़े वन में रह रहे जीवों को!

बिना हत्या के अन्तिम जय नहीं मिलती
नहीं होती धर्म की स्थापना
यही मानते थे श्रीकृष्ण
अन्यथा छोड़ सकते थे सुयोधन को
छोड़ सकते थे जरासन्ध को
कंस को
शाल्व को।

या छोड़ सकते थे वैसे भी जैसे छोड़ा
अश्वत्थामा को
छीनकर माथे की मणि
करके प्रभाहीन
विवर्ण।

क्या-क्या जल रहा था खांडव वन में

क्या नहीं जानते थे अर्जुन और श्रीकृष्ण
दोनों अग्नि की उदर पूर्ति के लिए
सब कुछ जलाते जा रहे थे।

ये दोनों तो उस अकेली चिड़िया
जरिता* को भी नहीं जानते थे
जिसका पेड़ जला
घोंसला और बच्चे
जलते-जलते बचे!

खाण्डवप्रस्थ की स्थापना क्या
धर्म की स्थापना थी?
पूछ पाती तो जरिता पूछती
पूछ पाते तो वन के जलते वृक्ष पूछते
पूछ पाते तो अग्नि से घिरे पशु पूछते
क्या केवल मनुष्य के लिए ही है धरती
क्या केवल जोतने वालों की ही है पृथ्वी
क्या केवल जलाने वालों के लिए ही हैं वन?

भले उत्तर न मिलते लेकिन पूछती कोई गिलहरी
मेरा वन छीन रहे हो तो मुझे कहाँ रहना है बताओ
मुझे कहीं बसाओ श्रीकृष्ण!

[आठ]

अर्जुन करते थे अहेर
किरात शिव से
उनका युद्ध आखेट के कारण ही हुआ था

* खाण्डव वन में रहने वाली एक चिड़िया।

वह उत्थान था अर्जुन के जीवन का
वधिक बनकर भी पाई जा सकती है उन्नति!

वधिक बनकर ही मिला उनको पशुपति से अस्त्र।

उस अस्त्र से हुई राज्य-स्थापना
किन्तु उस राज्य में धर्म स्थापित हुआ क्या?

कैसा धर्म-स्थापन जो चीर बढ़ाए
किन्तु चीरहरण करने वाले को रोके नहीं!

श्रीकृष्ण तो आखेटक भी नहीं थे
किन्तु मारे जा रहे हैं एक अहेरी के बाण से!

यह वैसी ही रात है
जैसी कंस की मथुरा में छाई थी
उस रात जब जन्मे थे श्रीकृष्ण।

सभी जानते हैं कि कोई आखेटक
अपने भोजन के लिए पशु-वध में
विषयुक्त बाणों का प्रयोग नहीं करता
उस बहेलिए ने भी नहीं किया होगा
विषयुक्त बाण का प्रयोग।

घायल श्रीकृष्ण
मर रहे हैं
रात है
एक दयाहीन कृष्ण-पक्ष की रात
धीरे-धीरे मर रहे हैं श्रीकृष्ण।

ऐसी रात जिसमें छाया तक नहीं बन रही

श्रीकृष्ण की
वे अँधेरे का विस्तार हैं एक लघु प्रसार केवल
वृक्ष भी ऐसे दिखते हैं कि जैसे वे अपनी छाया हों स्वयं
पशु घेरते हैं उनको निरन्तर
जैसे वे अँधेरे के पर्याय हों
मर रहे हैं श्रीकृष्ण
कोई उनके मुख में
तुलसीदल
गंगाजल
डालने के लिए नहीं है वहाँ
उनका पैर कौन करे
मरण की दिशा में
वे स्वयं हो जाते हैं
अब सारी दिशाएँ एक-सी हैं
ऐसे ही अपूर्व धर्म की स्थापना की है उन्होंने
जिसमें कैसा भी कर्म है धर्म।

श्रीकृष्ण की आँखें मुँद रही हैं
साँस चल रही है
इतनी धीमी कि नाक में
एक चींटी को घुसने से भी न रोक पाए
प्राण-वायु।

बंसी बजाने वाली अँगुलियाँ
मूर्छित हो रही हैं
पाँच चोटियों से सज्जित रहने वाला शीश
धूल से भर गया है
फट चुके हैं वस्त्र
उत्तरीय को उड़ा ले गई है हवा
वह एक कदम्ब के पेड़ से उलझकर टँगी है

लेकिन दिखती नहीं।

पैर उपानह विहीन हैं
जैसे सुदामा के पैर थे धूल खाए
जैसे दुर्योधन पड़ा था अन्तिम रात
धूल में
अकेले।

गदा हो बाँसुरी हो चक्र या रथ की लगाम
सब छूट जाते हैं
व्यक्ति ठूँठ हो जाता है
एक ठूँठ की तरह श्रीकृष्ण जन-शून्य वन में
मर रहे हैं।

उनको उनके मरण ने, और
सब कुछ को अँधेरे और शोक ने घेर लिया है।

कोई खोजने नहीं आने वाला
कोई पुकारनेवाला नहीं
ओ श्याम
ओ मोहन
ओ माधव, ओ गोपाल
कोई पुकारता नहीं।

जिनको कोई नहीं पुकारता
वे मरण को मित्र बना लेते हैं
न पुकारे जाने से मर रहे हैं श्रीकृष्ण
उस घने-तिमिर वन में
विवर्ण।

[नौ]

श्रीकृष्ण के बाद क्या होगा द्वारका का
कहाँ जाएँगे शेष लोग
वे स्त्रियाँ जो राजसुख की अभ्यस्त हैं
वे वृद्ध जो एक बार उजड़े मथुरा से
जो कभी बस न पाए
वे सोच भी नहीं पाते कि अब कहाँ जाएँ।

और डूबेगी द्वारका
या जल से या अग्नि से या आक्रमण से
नष्ट होगा वैभव इसका

हीन नगर में कैसे रहेंगे यदुकुल के लोग
सोचते रहे थे श्रीकृष्ण इसीलिए सर्वनाश के लिए
आए थे प्रभासक्षेत्र
अपमान सहन करने से अधिक उचित था सर्वनाश
कुल का।

प्रभास में हुआ भी वैसा ही
नष्ट हुए कुल के लोग
नष्ट करते हुए स्वजनों को।

अन्तिम व्यक्ति को मारकर
श्रीकृष्ण ने सन्देश भेजा हस्तिनापुर
आएँ अर्जुन और ले जाएँ
विधवाएँ
ले जाएँ उनका विलाप
जरा-जर्जर बूढ़े और गोद के शिशुओं को
गर्भ में पल रहे बच्चों को
जो प्रभास में मारे जाने से बचे

जो गांधारी के शाप को मिथ्या करके शेष रहे
वे कहाँ सुरक्षित रह सकते हैं
युधिष्ठिर के राज्य के बाहर।

अपने सारथी दारुक को भेजा
हस्तिनापुर गया वह
देने सन्देश श्रीकृष्ण का
कि आएँ अर्जुन
और ले जाएँ यदुवंश का अवशेष
श्रीकृष्णविहीन द्वारका में
जो छूट गया नष्ट होने से।

[दस]

आए अर्जुन लेकर अपना गाण्डीव
और अक्षय तूणीर
बाँधे।

मिले पहले अपने मामा वसुदेव से
रोए वसुदेव कुल के क्षय पर अपने भांजे से
अपने मामा के वंश का अन्त देख द्रवित हुए अर्जुन
किन्तु आज उनको देने के लिए उपदेश कोई न था
द्वारका में।

पहली वह रात श्रीकृष्ण-हीन रहे अर्जुन द्वारका में
वह पहली ही रात थी जब नहीं रहे
श्रीकृष्ण वसुधा पर।

वह रात अर्जुन ने बिताई

अपने श्रीकृष्ण के कक्ष में
वे यह भी नहीं जानते थे कि कहाँ हैं उनके सारथी
सखा मोहन।

कृष्ण को भी पता नहीं था कि
कब तक आ जाएँगे अर्जुन
हस्तिनापुर से द्वारका
उन्होंने प्रतीक्षा भी नहीं की
कर भी नहीं सकते थे।

अर्जुन के आने के बाद मरे वसुदेव
विलपते हुए जीवन उनका सम्पूर्ण हुआ
उनके जीवित रहते मारे गए उनके सभी पुत्र
कुछ कंस द्वारा
अन्य कुलयुद्ध में
बलराम मारे गए स्वयं द्वारा और कृष्ण
को मारा वधिक ने पशु समझ कर।

किन्तु वसुदेव के अपने पुत्र कृष्ण के
वध की कोई सूचना न थी
क्योंकि कृष्ण पिता से विदा लेकर गए थे अन्तिम बार
माँ से नहीं मिले
अपनी किसी पत्नी से नहीं ली विदा
रुक्मिणी विलपती है अकेले
कहाँ गए वे?
किन्तु कोई किसी को नहीं बँधाता धीर
कोई किसी को देता नहीं उत्तर
श्रीकृष्णविहीन पहली सन्ध्या आती है
ठहर-ठहर।

जाने से पहले श्रीकृष्ण ने
अपने किसी शेष यदुवंशी को अपना मुख नहीं दिखाया
विदा होने के पहले
कृष्ण ने मुँह क्यों छिपाया?
इसका नहीं है कोई उत्तर।

विदा होते समय कृष्ण ने कहा मात्र इतना
पिता से
आएँगे अर्जुन
हस्तिनापुर से
जो करना होगा करेंगे वे अब

उनकी प्रतीक्षा करें आप
द्वारका में रहकर
द्वारका भी करे
उनकी प्रतीक्षा
डूबने के पहले
जो करना होगा अब करेंगे अर्जुन ही।

माँ देवकी और रोहिणी
भाभी रेवती
पत्नियाँ आठ की आठ
नहीं देख पाईं अपने मोहन-श्याम-कृष्ण को
अन्तिम बार।

[ग्यारह]

वसुदेव गत हुए अर्जुन के आने पर
मामा का अन्तिम संस्कार किया अर्जुन ने

सती हुईं चार मामियाँ
अर्जुन ने उनको दहन होने दिया
अर्जुन ने अपनी सौतेली माँ माद्री का जीवित दहन
होते पहले भी देखा था
पिता पाण्डु के साथ।

अपनी जीवित मामियों को अग्नि दिया
अपने मृत मामा वसुदेव के साथ
पार्थ अर्जुन ने।

मामा को पिण्डदान दे
खोजने चले अर्जुन अपने मित्र गुरु सारथी
सखा श्रीकृष्ण को
जो मृत हैं अब प्रभास क्षेत्र में

लाखों शवों में एक कृष्ण का
शव खोजना कठिन था।

अर्जुन अन्त्येष्ठि करते रहे
अपने ननिहाल के मृतकों की
प्रभास क्षेत्र में शव ही शव थे
प्रभास क्षेत्र में चिताएँ ही चिताएँ थीं
प्रभास क्षेत्र राख से ढँक गया
चिता से उड़ी राख से।

जितनी राख नहीं उड़ी थी खाण्डव वन से
उससे अधिक राख उड़ी
प्रभास से
जिसे अब भी जला रहे हैं अर्जुन
तब भी जलाए थे अर्जुन।

तब लिप्सा थी राज्य-स्थापन की
अब विवशता है अन्तिम अग्नि की।

नहीं मिले कृष्ण तो
शव-संधान आरम्भ
किया अर्जुन ने।

नहीं मिलता था
श्रीकृष्ण का शव
नहीं मिलता था बलराम का शव
खोजते-खोजते थके
अर्जुन
थके शेष सेवक परिजन
जो आए थे अर्जुन के साथ वे भी खोजते हारते रहे
नहीं मिलता था शव
बलराम-कृष्ण का।

[बारह]

श्रीकृष्ण मरे थे कल सन्ध्या
रात-भर उनका शव पड़ा रहा
वन में हिंसक पशुओं ने पहचानने योग्य न छोड़ा था
किन्तु पहचानना तो होगा
बिना पहचाने अन्त्येष्ठि कैसे होगी
कैसे होगा अन्तिम संस्कार
देवकीनन्दन के शव का।

दिन फिर से डूबने को है
व्यथित अर्जुन लगातार खोज रहे हैं

पहचान के सारे चिह्न खो चुके हैं श्रीकृष्ण
मोरपंख हीन
पीताम्बर मटमैला
इतना कि रंग की पहचान सम्भव नहीं
पाँच चोटियों से सँवरा शीश
नुच गया है
बाल बिखरे हैं फिर भी बँधी हैं चोटियाँ।

अर्जुन भूल गये हैं
कोई
शव अपनी छवि बचाने का
यत्न नहीं कर सकता।

वे हर दिन गूँथे जाते थे अन्तिम बार
गूँथा था रुक्मिणी ने।

अभी उत्तरीय हीन
कमरबन्द हीन
ढीली हो चली है धोती
ऐश्वर्य नष्ट हो चुका है
एक रात पहले ही
श्रीकृष्ण शव हो चुके हैं।

वही शव खोज रहे हैं अर्जुन
खोजते-खोजते
आते हैं वहाँ जहाँ पड़ा है
श्रीकृष्ण का व्यर्थ हो रहा प्राणहीन शरीर
देखते हैं पहचान के सारे लक्षण स्वाहा हो चुके हैं
किन्तु शीश पर बँधी हैं रुक्मिणी की गूँथी पाँच चोटियाँ।
अर्जुन पहचानते हैं यही होंगे

श्रीकृष्ण
उनके परम सखा भाई।

[तेरह]

इतने शव जलाए अर्जुन ने कि दिशाएँ
शव की गंध से भर गईं

हरे वृक्षों की पत्तियाँ
समुद्र का जल
पृथ्वी का दिख रहा भाग ढँक गया था
यदुवंशियों की चिता की राख से।

अर्जुन शव खोजते और चिता पर रखते रहे
उनको ध्यान न रहा कि वे
मातृकुल के दारुण संहार के साक्षी हैं
उनको ध्यान आता रहा
गांधारी पुत्रों का हनन
अभिमन्यु-उत्तर-प्रतिविन्ध्य*
का अकाल मरण।

अर्जुन स्मरण करने
और चिता जलाने के अतिरिक्त
और कुछ नहीं कर सकते थे
वे रोते-रोते थक गए थे

जब जलाया सात्यकि को

---

* उत्तर : राजा विराट का पुत्र और अभिमन्यु की पत्नी उत्तरा का भाई था। प्रतिविन्ध्य : द्रौपदी से जन्मा युधिष्ठिर का पुत्र था।

जब जलाया कृतवर्मा* को
ध्यान आया
इसी कृतवर्मा ने संहार किया था
अश्वत्थामा के साथ
उसके पुत्रों का।

क्या करते वे कृतवर्मा को भी
अग्नि देने के लिए खड़े रहे वे
वैसे ही जैसे
अभी वे देंगे श्रीकृष्ण को

श्रीकृष्ण का शव पहचान कर
स्तब्ध हैं अर्जुन
करते हैं प्रणाम
धूल हटाते हैं क्षत मुख से।

[चौदह]

गिनती के परिजन
श्रीकृष्ण के शव को जलाने जा रहे हैं
पैरों में धँसा हुआ है बाण
एक छोटी-सी चिता
को अग्नि दे रहे हैं अर्जुन।

नीची किये दृष्टि
देखते हैं क्षत-विक्षत शव
श्रीकृष्ण का

---

* यदुवंश के योद्धा जो महाभारत के युद्ध में शेष रहे।

सोचते हुए
द्वारका की शेष प्रजा
को लेकर जाना है
द्वारका के बाहर।

अन्त्येष्ठि श्रीकृष्ण
दाग देकर खड़े हैं अर्जुन।

धुएँ और आग में खो रहे हैं देवकीनन्दन
अग्नि उनके शरीर को दग्ध कर रही है
वायु उनके शरीर को सुखा रही है।

अर्जुन को अन्त्येष्ठि के
सम्पूर्ण होने की प्रतीक्षा है शेष।

अयोध्या में कालपुरुष!

[प्रथम पर्व]

अयोध्या की एक रुग्ण-सुबह
जिस पर प्रभाव है मलिनाभ संध्या का।

राम अनमने खड़े हैं
चिन्तन करते अपने जीवन-जन्म की
सुफल-विफलता का।

व्यथा से भर आईं आँखें
देख नहीं पाए स्वयं का मुख
जल दर्पण में
कक्ष से निकल गए
अस्थिर विकल भए
अपने आकलन से स्वयं।

राम कक्ष से तो निकल गए किंतु
निकलकर भी
विकलता से पा नहीं सके मुक्ति
वृद्ध राम खोजते रहे अपनी विकलता का कारण

वे भूल गए थे यह विकलता
उनकी ही विफलता से उपजी थी
जिसके मूल में था उनका
राग-विराग अपने कुल से
अपनी मर्यादा से उनका मोह
उनकी स्वयं पर निर्ममता थी।

राम समझ नहीं पा रहे थे
जीवन के चौथे पन से कुछ पहले ही
थके-हारे से सोचते-भटकते रहे राम।

कुछ देर रहे सरयू तट पर
कुछ देर भटके नंदि ग्राम
मिलता नहीं था
विकलता का उपचार
नहीं था उद्विग्नता पर कोई विराम।

कोई नहीं था जिससे कर पाते विमर्श
एक सम्राट कहाँ कर पाता है
मन की व्यथा पर
परामर्श!

लौट आए राम बिताकर दिन
मंथर गति क्षुब्ध मन मुख मलिन।

[द्वितीय पर्व]

दिन के अवसान पर भी
उदास रहे राम

अपने कक्ष में अकेले।

अब तक लक्ष्मण भी उनको कहने और
मानने लगे थे सम्राट।

पत्नी सीता अलोप हो गई थी
और दोनों पुत्रों लव और कुश से
इतनी कम होती थी बातचीत
कि उस स्थिति को कह सकते हैं अबोला भी।

शायद यह कुल की परम्परा रही हो
पिता के अनुसार चलने और
कैसी भी आज्ञा मानने से अधिक
नहीं रहता था पिता-पुत्र में संबंध।

अन्यथा यह जानते हुए भी कि
बिछुड़कर मरण को प्राप्त होंगे
पिता दशरथ
वन क्यों जाते राम!

राम घिरे रहे उदासी से
उनकी हँसी खो गई थी
उनका आह्लाद विलुप्त हो गया था
वे राजाज्ञा सुनाने वाले
यंत्र में परिवर्तित हो गए थे
विधान से बँध कर
बन्ध्या हो गई थी उनकी उत्सुकता
वे एक विराट खोखल जैसे थे
अवध के राजभवन में
बंदी खोखल निस्तेज।

कभी उनको सुनाई पड़ती सीता की रुलाई
कभी पिता की करुण पुकार
कभी बालि की लांछन-भरी व्यथा
कभी तारा के प्रश्न
कभी वानर युवराज अंगद की ग्लानि-कथा।

कभी पृथ्वी दिखती सर्वत्र फटी हुई
कभी उस फटी पृथ्वी से आती
किसी अनाम स्त्री के रोने की ध्वनि
जो केवल राम को ही देती सुनाई।

वे सेवकों से कहते देखो
कोई द्वार पर आया है क्या
वे गाँव-गाँव खोजते रहे शम्बूक का घर
किंतु वह मिला नहीं।

उनको प्रतीक्षा थी जैसे मात्र
अपने अवसान की
अवध में रहने का कोई प्रयोजन शेष नहीं था
अपने रामराज्य में राम खिन्न थे इतने कि
अपने तिरोहित होने के लिए खोज नहीं पा रहे थे
उपाय कोई पावन-अपावन।

और शरीर था कि स्वयं साथ छोड़ने के लिए
प्रस्तुत नहीं था राम का।
कभी-कभी पछताते
भूमिजा सीता की भाँति भू में क्यों नहीं समाते?

[तृतीय पर्व]

जो राम का मान करते थे वे
विचलित थे राम की मनोदशा से
लक्ष्मण, भरत और कुल की स्त्रियाँ
उर्मिला, माण्डवी आदि देखतीं राम की
दशा
विलपते थे सब
किंतु निरुपाय थे वे।

वशिष्ठ समझते राम के मन को
अवसान ही उपाय था मन की शांति का
किंतु वे वशिष्ठ भी अपनी मर्यादा के बंधक थे
बिना कहे सम्राट को परामर्श देने को
अवज्ञा माना जाता था
कोसल में।

सब देखते किन्तु कोई कुछ बोलता नहीं था
वेदना के शर से बिंधे राम बिता रहे थे दुर्दिन
अपने वैभव का कंकाल बनकर।

वशिष्ठ ही नहीं कालपुरुष देख रहा था राम की विकलता
जीवन की विफलता ने राम को सुन्न कर दिया था
वे मात्र शरीर थे
मनु-विधान के बंधक।

कालपुरुष ने सोचा
राम का अंत समय आया है
सारे लक्षण ऐसे ही हैं जैसे जीवन से
प्राण-जीव उकताया है

मन राम का अब मात्र दर्शक रह गया है
कर्म के सारे पर्व पूर्ण हुए हों जैसे।

कालपुरुष ने सोचा
अब राम को पृथ्वी से प्रस्थान करना चाहिए
स्वयं अपना अवसान करना चाहिए।

कालपुरुष ने रूप धरा
माया से
बना वह ऋषि
ऐसे ही जैसे रावण ने रूप धरा था यती का।

कालपुरुष राम से मिलने आया अयोध्या
वह आया और मिला राम से।

किन्तु सम्राट से कैसे कोई मिल सकता है
बिना राजाज्ञा के अवध में।

कालपुरुष ने लक्ष्मण से कहा कि वह
महातेजस्वी महर्षि अतिबल का दूत है
आवश्यक कार्य से मिलना है अवध के सम्राट राम से
संदेश देना है उनको महर्षि अतिबल का।

लक्ष्मण ने राम से अतिबल के दूत का आना बताया
तपस्वी का रूप धरे कालपुरुष से राम को मिलाया।

राम ने स्वागत किया छद्म तपस्वी का
जो कि पूर्ण काल था
उसे बैठाया ऊँचे आसन पर
और आने का कारण पूछा।

जब राम अकेले रह गए कालपुरुष के सामने
तापस बने कालपुरुष ने
दिखाया अपना यथार्थ रूप
बताया आने का यथार्थ उद्देश्य
और बोला राम से
चाहें तो संवरण करें जीवन का
चाहे लोप करें स्वयं ही अपना
विकलता आपकी
शरीर रहने तक न होगी समाप्त
विफलता आपकी
सृष्टि के रहने तक न लुप्त होगी
जन स्मृति से।

राम हँसे बहुत समय के उपरांत
मरण का स्मरण कर
उनका कक्ष हँसने की ध्वनि से भर गया
राम के मन का संचित शोक मर गया।

प्रफुल्लित हुए राम
उनको मिला जीवन का एक और पक्ष
संपराय के लिए आरम्भ किया चिंतन।

[चतुर्थ पर्व]

किंतु मरण के पहले अभी
अनेक मरण की यातना सहनी थी राम को

राम से अपनी सारी बातें कहने के पहले
कालपुरुष ने सुनिश्चित किया

जब कालपुरुष से वार्ता हो राम की
वहाँ आए नहीं कोई और
राम हों और हो कालपुरुष केवल।

जो कोई राम की आज्ञा के बिना
उस वार्ता में आएगा
उसका दण्ड पहरे पर खड़े व्यक्ति या
विघ्न डालने वाले को दिया जाएगा।

राम ने काल-प्रभाव में स्वीकार किया
कालपुरुष के प्रस्ताव को
और बोले कि जो व्यवधान डालेगा
वे राम स्वयं उसे देंगे
मरण-दण्ड।

प्रस्ताव स्वीकार के पश्चात हुआ कुछ
जो नहीं होना था
कालपुरुष और राम की वार्ता चल ही रही थी कि
अत्रि अनुसुइया के पुत्र दुर्वासा
आए अयोध्या के राजभवन
और लक्ष्मण से कहा उन्होंने कि
जाकर सूचित करो
इसी क्षण सम्राट राम को
अविलम्ब अविराम मिलना है मुझे।

शाप दूँगा तुमको
तुम्हारे कुल को
तुम्हारे कुलभूषण राम को
यदि प्रतीक्षा करनी पड़ी तो
सम्पूर्ण साकेत को वैभव

नष्ट करने का शाप दूँगा।

अभी वार्ता पूर्ण नहीं हुई थी
कालपुरुष और राम की
और आए लक्ष्मण कक्ष के भीतर
राम और रूपधारी कालपुरुष की वार्ता के
मध्य संदेश लेकर दुर्वासा का।

कालपुरुष ने लक्ष्मण को देखकर कहा राम से
अब यह अयोध्या आपके रहने
योग्य नहीं रही!

एक सम्राट निर्विघ्न कर नहीं सकता वार्ता
तो वह सम्राट कैसा?

आप अवसान करें स्वयं अपना
और छोड़ दें अपनी अयोध्या को।

कहता हुआ कालपुरुष प्रस्थान कर गया
लक्ष्मण चिंतित से लौट गए
दुर्वासा को राम के पास ले आने
जो खड़े थे द्वार पर
राजभवन के।

राम ने स्वीकार किया अपना अवसान
कालपुरुष की मंत्रणा पर।

किन्तु जीवन के उपरान्त के पूर्व
उन्होंने अगवानी की दुर्वासा की
और उनके दीर्घ उपवास को तुड़वाकर

राजभोग से
तृप्त किया उनको।

चले गए दुर्वासा तो मंगलकामना देते
मरण के पहले की मंगलकामना
राम ने स्वीकार कर दुर्वासा को विदा किया
फिर सोचने लगे कालपुरुष को दिये
वचन पर।

करना होगा लक्ष्मण का वध
सोचा राम ने और व्यथा से भर आया उनका मन
काँपा स्वर थर्थर
जीवन के अंतिम कुछ शेष समय में
करना होगा लक्ष्मण का वध स्वयं
सोचते बैठे रहे वे बहुत देर तक
काँपा हाथ जैसे काँपा था शम्बूक
पर उठाते समय खड्ग प्रखर।

[पंचम पर्व]

आए सभासद
संचित हुआ मंत्री-परिषद्
वृद्ध जन नगर और राज्य के।

राम ने सबको बताया अपना निर्णय
और भेषधर कालपुरुष को दिया अपना वचन
करना होगा उनको लक्ष्मण का हनन!

मरण के पहले कई-कई मरण

किए हैं स्वयं राम ने वरण।

वशिष्ठ ने समझा राम की व्यथा को
और लक्ष्मण ने भी
कहा वशिष्ठ ने सभा और राम-लक्ष्मण को
संबोधित कर
लक्ष्मण का त्याग ही लक्ष्मण का वध है।

एक सम्राट जिसका त्याग कर दे
वह मृत माना जाता है।

राम ने घोषणा की
मैं त्याग करता हूँ लक्ष्मण का
इसे मेरे द्वारा लक्ष्मण का वध माना जाए।

लक्ष्मण देखते रहे राम को
फिर देखा उस सभा को
और उसके मध्य वे एक मृतक की तरह
खड़े रहे कुछ पल
फिर निकल गए भवन के बाहर
निकलते चले गए
वे नगर के बाहर।

राम ने लक्ष्मण का निष्कासन नहीं देखा
वैसे ही जैसे सीता का निष्कासन नहीं देखा था।

लक्ष्मण ने वैसी ही विदाई पाई
जैसी सीता को मिली थी
बिना स्वजनों से मिले
बिना पुत्रों से विदा-वचन बोले

बिना पूर्वजों को प्रणाम किए
बिना भाइयों से गले मिले
लक्ष्मण ने छोड़ दी अयोध्या
छोड़ दिया कुल-भवन।

उपेक्षित-मृत की भाँति पहुँचे सरयू तट
और श्वास रोककर किया अपना अंत
साक्षी रहे उस मानरहित मरण के दिग्-दिगंत।

सरयू में अभी भी है वह गोप्रतार घाट
जहाँ मारा स्वयं को लक्ष्मण ने
जल में डुबाकर
अपमानित अकेले अनीरा अंत।

[षष्ठ पर्व]

फिर आए गायक बनकर कुशीलव
उन्होंने सभा-मध्य गाया राम का अवसान-गान।

भीषण जीवन का जब उत्तरार्ध सम्पूर्ण हुआ
तब राम हृदय को मोक्ष भाव ने सहज छुआ
जब सीताविहीन जीवित रहते वे ऊब गए
जब माया विमोचित वैराग्य भाव में डूब गए।

संध्या के पूर्व दिवस अँधियारा दिखता था
राजधानी में सर्वत्र अंध-प्रसारा दिखता था
राम विकल देखते राज्य को घिरते तम में
प्रजा प्रश्न-आकुल रहती अपने वि-भ्रम में।

अनभिज्ञ राम, घिरता जाता था मृत्युपाश
कालपुरुष ने अवधपुरी को लिया ग्रास
राम का पूर्ण हो रहा था यह जीवन फेरा
निकल रहे थे छोड़ परस्पर का भारी घेरा।

जीवन का बड़ा भाग था माया के आवर्त में
आभास नहीं था स्वयं भी जाना है गर्त में
वे विलग हुए प्रिय लखन हीन अनुजों से
मंत्रियों सैनिकों समस्त प्रजा पुरुषों गुरुओं से।

एकांत लिया स्वजनों से किंतु स्वयं से दूर
कहाँ हो सका है कोई राम हों या काल क्रूर
सोचा व्यतीत को सोचा अपने निर्दय होने को
स्मरण किया नम्र सीता के भू में खोने को!

आना मायामृग का अनुनय सीता का लाएँ
यह मृग जीवित या चर्म मनोहर इसे बिछाएँ
साथ-साथ बैठेंगे बोली थी सीता स्वर धीमे
हूक उठी विचलित हुए राम विलपे जी में।

मंद भाग्य पाया अपने जीवन को रघुवर ने
क्रम से अतीत सोपान लगे अनभिज्ञ उतरने
कैसे कोई स्त्री की ले सकता है अग्निपरीक्षा
उस पर जीवन जीने की रखता है निष्ठुर इच्छा!

सन्निपात से घिरे खड़े थे जानकीप्राण रघुनंदन
बोलना कठिन, बुदबुद करते सिय का वंदन
"क्षमा करो जानकी क्षमा करो" करते थे क्रंदन
सूख चुके थे आँसू मुरझाए थे राम नयन।

पाने खोने के क्रम में जीवन था निर्वात् समूचा
रह गया राम का वैभव सूखा निष्प्रभ छूँछा
मर्यादा धर्म मर्म का मान महाविस्तारित
सोचने समझने भर से कब होता है निर्धारित?

स्मरण किया करते थे राम शंभु धनु भंजन
उस क्षण वह सभा और कोलाहल में मन
कैसे डूबा था आँखों से आँखों का अंकन
कैसे जानकी हृदय हुआ राम का दर्पन।

सब जैसे कुछ पल पूर्व घटित-सा झलका
रघुनाथ देखते मर्माहत पल-पल का
छूटना अवध का वन प्रांतर में होना
पद-पद चलना रुकना पत्तों का बिछौना।

माया का मृग दर्शन, पाने की विकट लालसा
कौन सोचता है कब क्या जादू हो मरीचिका
मिला न मृग न चर्म न केवल पुकार वह छलना
भागते लखन रक्षा करने हरने दुःख अग्रज का।

स्मरण करते अभी-अभी बिछुड़े लक्ष्मण का
यह त्याग नहीं यह तो प्रतीक था वध का
सोचते विकल आया ध्यान भरत शत्रुघ्न का
सौंपकर उनको राज्य वरेंगे मार्ग आत्म-वध का।

गायक कुशीलव लौट गये अपने आश्रम को
राम सहित सुनने वाले उत्सुक हैं
हुआ क्या राम के जीवन का कोई अंत अनहोना।

[सप्तम पर्व]

अर्धरात्रि में बुलाकर
भरत से राम ने कहा तुम सम्हालो राज्य
मैं करता हूँ तुम्हारा राजतिलक
मैं समाप्त करूँगा अपना जीवन
जैसा निर्णय कर चुका हूँ

पुनर्विचार की कोई संभावना नहीं अब।

संकलित करो राजतिलक के उपादान
अभिषेक का जल
सात नदियों और सात समुद्रों के जल
लाओ
मंगलगान करने वाली युवतियाँ
और मंगल-नृत्य करने वाली गणिकाएँ आमंत्रित की जाएँ।

भरत खड़े रहे सुनते राम के साम-वचन
फिर बोले
महाराज सत्ता सौंपें आप
सीता-पुत्रों को।

यह सत्ता आपकी थी
आपके पश्चात भी आपकी रहेगी।

मैं अनुसरण करूँगा आपका
जो नहीं कर पाया था प्रथम निष्कासन पर

राज्य आवश्यकता नहीं हमारी

जब राम नहीं अयोध्या में तो
जीवन यह क्या सुखकारी!

आप तब नहीं ले गये साथ वन
अब सहयात्री बनकर करूँ मरण।

राम ने बहु विधि समझाया भरत को
तुम पाओ राज्य
किंतु भरत माने नहीं किसी प्रकार।

पुत्रों के मध्य विभाजित करके कोसल को
किया राजतिलक
और फिर राम ने प्रजा को सुनाया अपना मरण
मुहूर्त निश्चय।

सुना होगा पुत्रों ने भी अंत कर रहे हैं पिता
अपना
कालपुरुष के संदेश उपरांत।

वे पुत्र सहमरण के लिए उत्सुक नहीं हुए
राम द्वारा छोड़ा रामराज्य विभाजित किया उन्होंने

एक ने उत्तर कोसल पाया एक ने दक्षिण कोसल
सेना हाथी घोड़े
कोष प्रजा सब विभाजित
राम के राज्य का अंत होते ही।

शत्रुघ्न रहते थे बाहर अवध के
वे बुलवाए गये
मधुरा से तत्काल।

वे भी आए सत्ता अपने पुत्रों को सौंप
भाई के साथ त्यागने जीवन।

न भरत ने पूछा न शत्रुघ्न ने कि
कहाँ हैं लखन।

जिसे राजा ठुकराए
उसके प्रति निकटता प्रदर्शित करना
अवध की परम्परा नहीं थी।

किसी ने नहीं पूछा कहाँ हैं लक्ष्मण
प्रजा ने भी नहीं पूछा
कहाँ गये राम राजा के ठुकराए लखन।

एक नाविक था
सरजू में अपनी नाव लिये
पार जाने को आतुर
केवल उसने देखा लखन को डूबने के लिए
सरजू के गोप्रतार घाट पर शून्य दृष्टि से
निहारते जल को।

जैसे पहले किसी ने नहीं पूछा था सीता के
निष्कासन पर
वे मौन थे सब तब भी
मौन हैं वे अब भी।

सम्राट के आदेश रज्जु से बँधे रहने की
प्रथा टूटती नहीं अयोध्या में
अभी सम्राट को कालपुरुष के कथन पर
वरण करना है मरण।

[अष्टम पर्व]

यह अंतिम दिन है राम का अयोध्या में।
राम गए सीता के भवन में फिर
वहाँ सीता की स्मृतियों के
मनोमय अवशेष पड़े थे
राम-सीता हीन भवन में
सीता-मय हो कर खड़े थे।

भाँति-भाँति से स्मरण आई जानकी
राम अतीत से आज तक
सोचते अवसन्न रहे।
अंतिम रात जागकर बिताई
सूने में रघुराई।

राम ने सीता से क्षमा-याचन किया
सुनिश्चित अपना मरण किया।

[नवम् पर्व]

राम छोड़ देंगे अयोध्या
राम छोड़ देंगे शरीर
राम छोड़ देंगे संसार

यह कुसमाचार फैल गया रामराज्य में।

फिर वहाँ से दूर किष्किंधा तक
लंका तक पहुँच गई सूचना
राम कुछ समय के अतिथि हैं अब।

प्रजा करती थी वार्ता-
राम न बहुत शिथिल-वृद्ध हैं
न रुग्ण हैं
न पराजित पराधीन हैं
फिर क्यों छोड़ रहे हैं रामराज्य?
फिर क्यों शरीर राम के लिए त्याज्य?

लोग आपस में करते प्रश्न किंतु
राम से किसी ने नहीं पूछा कि
राम क्यों त्याग रहे हैं अपनी अयोध्या
राम क्यों त्याग रहे हैं अपना शरीर?

राम से न किसी ने पूछा न राम ने किसी को बताया
राम ने अपनी अयोध्या पर कालपुरुष की छाया को
और गहरी से गहरी होते पाया।

उनको दिखता था कालपुरुष
उनको दिखता था उसका विस्तृत होता अंध-घोर
राम ने पाया उनकी अयोध्या को कालपुरुष ने ढँक लिया है
वे चाहकर भी उससे मुक्त नहीं करा पाएँगे
अपनी वैभवशाली अयोध्या।

देखते-देखते
कालपुरुष घरों में बर्तनों में पैठ गया
वह अन्न में भोजन में समा गया
वह विचारों में वाणी में भाव-अर्थ पाने लगा
वह कालपुरुष आँखों में लोगों की
उतर गया भावी योजनाओं में समाने लगा।

वह नदियों के जल में वृक्ष और फल में
हर टलमल में घुल-मिल गया
और राम को उसने
उनकी ही स्वीकृति से विस्थापित किया
उनकी ही अयोध्या से।

वह कालपुरुष पोथियों में अक्षर बनकर उभर आया
वह कालपुरुष यज्ञों और समिधाओं में
शाप में और क्षमा में
सुख और यातना में प्रसारा पा गया
राम को मिला निकारा फिर से
अपनी ही अयोध्या से।

राम निष्कासित हुए सर्वत्र से
तिनके-तिनके पर विराज गया कालपुरुष
पुरुषोत्तम राम अवांछित हो गए
अपने ही राज्यनगर से।

राम का गौरव समाप्त हुआ जैसे ही राम ने
सत्ता से विलग किया स्वयं को
प्रभावी हुआ कालपुरुष
रामत्व का लोप हो गया अयोध्या से
राम के राज्य से उठ गई मर्यादा
अयोध्या का वैभव मलीन हुआ
लुप्त हुई प्रभा इक्ष्वाकु वंश-शासित राज्य की।

जैसे दिन में अँधियारा
जैसे बिना गूँजे गूँजता रहा
अयोध्या में कालपुरुष का जैकारा।

आए राम के प्रस्थान की बात सुनकर राम-जन
आए सुग्रीव अंगद सहित हनुमान विभीषण
जाम्बवान आए
आए कपिदल आए यक्ष-किन्नर-राक्षस
लंका पर जो राम के कहे पर करते थे राज्य
सबने कहा वे भी चलेंगे राम के साथ
राम के साथ चलना भी है एक राम काज।

राम ने कहा हनुमान से तुम रुको
कहा विभीषण से तुम करो
राज्य राक्षसों के साथ लंका पर
रहो राक्षसों के राजा बनकर
उच्छेद न हो कभी तुम्हारा
और तुम्हारे राक्षसी वैभव का।

सुग्रीव ने राज्य दिया अंगद को
राज्य जो अंगद का ही था।
वालि की पीठ पर धँसा बाण
स्मरण हुआ
प्रश्न बालि और तारा के राम ने सुने गूँजते
अपने अवसान के कुछ काल पूर्व भी।

राम घर से निकले
राम द्वार से निकले
पिता की छाया से निकले
माताओं की अमंद दाया से निकले
सीता की माया से निकले
और चले सब के सब राम के पीछे
छोड़कर अयोध्या को कालपुरुष की छाया में।

[दशम् पर्व]

राम को ऐसी दुविधा नहीं हुई थी
वनवास के लिए निकलते समय
यह जीवन की अंतिम निकासी है
राम फिर-फिर देख लेना चाहते हैं बहुत कुछ
वे अचानक अपने भवन से निकले तो
कोपभवन की ओर मुड़ गए।

पिता की छवि दिखी अनभुलाई
देखते रहे अपलक रघुराई

भूमि पर गिरे पड़े हैं पिता
रो कर थक गये हैं पिता
आत्म-वचन से पराजित पिता

राम ने उन पिता को किया फिर से नमन
फिर से माँगी माता कैकेयी से मानसिक विदा
अयोध्या से किया आत्म-निष्कासन।

अयोध्या के घर
अयोध्या के जन अब भी राम के साथ चले
राम के पुत्रों का राज्य कालपुरुष की छाया में रहे
या कालपुरुष की माया में रहे
अब नहीं रहना अवध में राम को।

एक विशाल जन-समूह
राम के साथ आया सरयू तट पर
वहीं उसी गोप्रतार घाट पर
जहाँ कुछ ही समय पहले आए थे लक्ष्मण अकेले

वहीं उसी घाट पर आए राम जनसमूह के साथ
मुक्ति पाने शरीर के बंधन से।

राम ने आत्म-मुक्ति के लिए संकल्प लिया
सरयू के जल से
उनका ही अनुकरण किया सब ने।

अपनी अयोध्या को छोड़कर राम धीरे-धीरे बढ़े
सरयू की मध्य-धार की ओर
उनके पीछे भरत
उनके पीछे शत्रुघ्न
सब के सब सरयू की धारा में डूबने के लिए
बढ़े राम के पीछे।

यह शरीर त्याग का कैसा उपाय चुना राम ने
पानी में डूबकर करना अपना अंत
जबकि राम जी सकते थे और
कुछ और काल तक स्थापित रखते राम-राज्य।

किंतु कोई नहीं था
राम की अयोध्या में उस समय दशरथ जैसा जो कि
राम को रोकने के लिए करता हाहाकार
या माता कौशल्या जैसे करता अवश्य लौटने की गुहार।

दिशाएँ सुन्न थीं
सुन्न थे शब्द
सुन्न था जल-प्रवाह
लोग राम के पीछे डूबते रहे
कालपुरुष की छाया में छोड़कर अयोध्या।

कुछ देर तक दिखा राम का शीश
दिखे जल पर फैले
श्वेत श्याम केश
दिखा उत्तरीय जल की सतह पर
फैलता प्रवाह के साथ बहता।

किंतु अब कोई नहीं देख रहा था राम डूबना
देख रहा था केवल कालपुरुष
राम का बहना तिरोहित होना खोना
कोई नहीं था जो राम के डूबने पर
जो करता रोना-धोना
राम का शरीर खो गया सरयू के जल-प्रवाह में।

राम को तिरोहित होते देखा मात्र कालपुरुष ने।

भरत और शत्रुघ्न भी खो गये सरयू की धारा में
सरयू निगल लेती है अपने राम को भी
एक लहर दूसरी में घुलती कहती-पूछती है
प्रवाहित जल काल प्रतीक हैं क्या?

वशिष्ठ नहीं गये राम के साथ
वे लौट आए
कालपुरुष के अधीन रह गई
अयोध्या में।
कालपुरुष के अधीन रह गई
मंत्री-परिषद।

पाकर राज्य विभाजित
लव-कुश भी नहीं आए सरयू तट तक
देखने पिता का अवसान
कालपुरुष का छाया था

अदृश्य विधान।

वे गाने के लिए राम-कथा रुके रहे
यही कहा जा सकता है।

स्त्रियाँ भी नहीं गईं पतियों के साथ
उर्मिला नहीं गई
माण्डवी नहीं गई
श्रुतकीर्ति नहीं गई।

बहनें तो सीता के साथ भी नहीं गईं
जबकि जा सकती थीं
लेकिन क्या अपने से किसी के साथ जाने का
अधिकार भी नहीं था
राम की अयोध्या में स्त्रियों को
किंतु सीता तो गई थी
अपने से अपने राम के साथ हठ पर स्वयं के
लौटने के लिए अग्नी परीक्षा देने
और लौटकर मढ़ी बनाने।

[समापन पर्व]

राम के जाने के बाद
अयोध्या में छाया रहा कालपुरुष
वह राम वाली अयोध्या
उसी पल लुप्त हुई
गोप्रतार घाट में रेत-सी
बह गई छूट गई।

राम के अवसान के बाद
कालपुरुष ने राज्य किया
उसकी परछाईं में रही अयोध्या
कहने को वह लौट गया
राम को अवसान की प्रेरणा देकर
किंतु राम को विदा कर
डटा रहा कालपुरुष
विकसित होता रहा कालपुरुष!

त्रेता से अब तक
राम कहीं नहीं हैं
अयोध्या में
हर दिशा में
सर्वत्र है केवल कालपुरुष।

राम को निष्कासित कर
कालपुरुष शासन करता है अयोध्या में
राम उसके बंधन में बँधे
डूबकर करते हैं आत्म-समापन
न लव न कुश न इक्ष्वाकु न रघुवंशी
न कोई काकुत्स्थ
मात्र कालपुरुष करता है
राम-राज्य के नाम
अयोध्या पर शासन।